Regina Prachner
Walter Unterberger

Buenos Aires für Tango Reisende

Ein Leitfaden

Regina Prachner
Walter Unterberger

Buenos Aires für Tango Reisende

Ein Leitfaden

Bibliografische Information der Deutschen Nationalbibliothek: Die Deutsche Nationalbibliothek verzeichnet diese Publikation in der Deutschen Nationalbibliografie; detaillierte bibliografische Daten sind im Internet über http://dnb.dnb.de abrufbar.

Verlag: BoD · Books on Demand GmbH, Überseering 33, 22297 Hamburg, bod@bod.de

Druck: Libri Plureos GmbH, Friedensallee 273, 22763 Hamburg

ISBN: 978-3-8192-4619-7

Inhaltsverzeichnis

Buenos Aires – ein Muss für Tangueros?

Für Tangotänzer erscheint Buenos Aires als Ziel aller Träume: ein Sehnsuchtsort, wo wir die Erfüllung unserer Leidenschaft im Tango finden können.

Jeder Tango Tänzer möchte zumindest einmal dort gewesen sein, die Atmosphäre dieser einzigartigen Stadt erleben und in diese intensive Tango Welt eintauchen.

Nachmittagsmilonga im El Beso

Aber Wirklichkeit und Traum können weit auseinanderklaffen. Argentinien ist heute ein armes Land und leidet seit Jahrzehnten unter Wirtschaftskrisen. Der Tango ist für die Einheimischen mit Recht etwas, das sie als ihre Identifikation erleben – Touristen sind hier die Zaungäste und Devisenbringer.

Bei Ihrem ersten Besuch in Buenos Aires werden Sie feststellen, dass die Tangoszene hier doch anders ist als bei Ihnen zu Hause, dass es für Sie nicht so einfach sein wird, mit den Einheimischen zu tanzen. Gleichzeitig werden Sie fasziniert sein von der Musikalität, der Freundlichkeit und dem entspannten Lebensgefühl.

Sueño Porteño Milonga

Jede Milonga wird zu einem Erlebnis werden, intensiver als Sie es bisher erlebt haben.

Dieses Buch ist als Leitfaden gedacht, um Ihnen den Aufenthalt in Buenos Aires einfacher zu gestalten und mögliche Fehler zu vermeiden. Außerdem möchten wir Ihnen zeigen, wie Sie in den Milongas reüssieren können und zu Tandas auch mit Einheimischen kommen. Vermeiden Sie die gröbsten Fehler und zeigen Sie, dass Sie kein Anfänger sind.

Dieses Buch ist für Tango Tänzer gedacht und kein allgemeiner Reiseführer für Buenos Aires. Auch erhebt es keinen Anspruch auf Vollständigkeit. Aufgrund der rasant wechselnden politischen und wirtschaftlichen Situation bietet es auch nur eine Momentaufnahme, die ständig aktualisiert werden muss. Aufgrund vielfachen Wunsches teilen wir hier unsere persönlichen Eindrücke und Erfahrungen, die von allgemeinem Interesse sein können.

Wir nehmen der Einfachheit halber an, dass Sie bereits Tango tanzen und bereits Milonga Erfahrung besitzen. Mirada und Cabeceo sind keine Fremdwörter für Sie, genauso wissen Sie, wie die Tanzrichtung in der Milonga ist und dass Sie keinesfalls an andere Paare anstoßen sollten. In Ihrer Heimatstadt haben Sie bereits einige Milongas besucht.

Hinweis: Aus Gründen der einfacheren Lesbarkeit wurde der Text dieses Buches nicht gegendert.

Welche Reisezeit ist die Beste?

Die Reisezeit hängt von Ihren Zielen ab:
- Klima: Jänner und Februar ist dort Hochsommer, außerdem die dortige Urlaubssaison: viele Milongas und viele tanzfreudige Argentinier und Touristen. Ideal auch für Ausflüge nach Patagonien.
- Mundiales 1(Weltmeisterschaftsturnier): August, ist dortiger Winter, auch die Reisezeit der Italiener
- Iguazú besuchen: das empfiehlt sich im argentinische Winter, also Juni bis September. Dann ist es dort kühler, aber für uns immer noch sommerlich. Gleiches gilt für Salta und Purmamarca und den Nordwesten Argentiniens.

---

[1] Die Mundiales sind die jährliche Weltmeisterschaft im Tango Argentino im August in Buenos Aires. Ein Höhepunkt mit Shows, Kursen und Milongas, wo sich die besten Tango Tänzer der Welt zum Wettkampf treffen. Einziger Wermutstropfen ist, dass alle Schiedsrichter Argentinier sind. Daher sollte man das Spektakel als große, unterhaltsame Show sehen und nicht zu ernst nehmen. Wobei schon klar ist: Wer es dort ins Finale schafft, ist Weltklasse!

- April, Mai oder Oktober: In Buenos Aires ist nicht so viel los wie im Januar und Februar, dafür ist es billiger.

Planen Sie die Dauer Ihrer Reise mit mindestens drei Wochen. Der erste Tag ist zum Erholen nach dem langen Flug und am letzten Tag sind Sie bereits mit der Abreise beschäftigt: Sie brauchen zum Kennenlernen der Milongas und der Lehrer mindestens drei Wochen.

Park im Januar: Hochsommer

Anreise

Für die Einreise nach Argentinien benötigen Sie einen gültigen Reisepass. Bürger der Europäischen Union benötigen keine Visa. Die Aufenthaltsdauer ist auf 90 Tage begrenzt, wird aber nach einer kurzen Aus- und wieder Einreise um 90 Tage verlängert. Es ist aber auch möglich, diese Verlängerung in Buenos Aires zu erwerben, womit man sich die Aus- und Einreise erspart. Und zwar in der Ausländerbehörde am Hafen (Dirección Nacional de Migraciones), wochentags 8:00-13:00 Uhr, aber erst 10 Tage vor Ablauf der Aufenthaltsdauer. Das kostete im Jänner 2025 20.000 Pesos. Längere Aufenthalte müssen bewilligt werden.

Die Einreise erfolgt normalerweise per Flug, die Flugzeiten von Europa aus liegen zwischen 12 und 14 Stunden. Von Wien (unserem Ausgangspunkt) weg müssen Sie erstmal nach München, Frankfurt oder Madrid, was immer Ihr Zwischenstopp ist. Beachten Sie beim Umstieg auf den nächsten Flieger, ob Sie genügend Zeit dafür haben. Madrid oder Frankfurt ist unter einer Stunde unserer Meinung nach kaum zu schaffen und wehe, Ihr erster Flug hat bereits Verspätung. Auf Grund versäumter Anschluss Flüge und sehr hektischer Umstiege schauen wir nun darauf, mindestens zwei Stunden Zeit zwischen den beiden Flügen zu haben.

Der Flug ist lang und die Sitze in der Economy Klasse auch bei Lang-
flügen nicht allzu bequem.
Da die Luftlinien auch kom-
fortablere größere Sitze in
der Economy Klasse anbie-
ten, können wir Ihnen zu
diesem Zusatz nur raten.
Zum Beispiel war der Auf-
preis bei einer Luftlinie für
die Economy Komfort Ti-
ckets im Jahre 2024 € 100,-
je Flug, dafür waren die Sitze auf der Langstrecke deutlich bequemer,
siehe Foto.

Komfortsitz - für 13 Stunden ideal

Zusätzlich konnten wir in „Gruppe 2" einchecken, also vor dem Haupt-
teil der anderen Passagiere. Das kann recht praktisch sein, im Flugzeug
noch vor den meisten anderen sein Handgepäck in Ruhe verstauen und
Platz nehmen zu können.

Aber Vorsicht: Sie müssen die Sitze gleich beim Ticketkauf buchen!
Danach sind die dann vergeben. Also sofort reservieren und wenn Sie
dann keine Komfort-Sitze mehr finden, den Ticketkauf nicht abschließen
und lieber gleich einen anderen Flug buchen.

Wann sollen Sie den Flug buchen?

Wir kaufen die Flugtickets möglichst früh, noch bevor wir die Unterkunft in Buenos Aires reservieren. An- und Abflugdatum sind dann unsere
Eckpfeiler für die Aufenthaltsdauer. Daher buchen wir die Flugtickets
mehr als ein halbes Jahr vor dem Abflug. Da haben wir mehr Optionen
bezüglich des Datums und der Linie. Preislich sind frühere Buchungen oft
günstiger, allerdings ist die Preisbildung der Fluglinien ein offensichtlich
komplizierter Algorithmus, der nicht zu durchschauen ist. Es ist also
durchaus möglich, auch kurz vor dem gewünschten Datum ein günstiges
Flugticket zu ergattern.

Notebook mitnehmen

Die Mitnahme und Einreise nach Argentinien mit einem Notebook ist kein Problem. Ich nahm das Notebook als Handgepäck in die Kabine mit, da Sie es nicht in den Koffer packen dürfen (wegen des Akkus) und beim Security Check extra raus legen müssen. Auch bei der Ein- bzw. Ausreise gab es keine Schwierigkeiten.

In Buenos Aires benötigen Sie einen Reiseadapter für den Stromanschluss, weil der Schuko-Stecker dort nicht passt. Sie bekommen den Zwischenstecker für den Steckdosentyp I in jedem Metallwaren-Geschäft und in jedem Handy Shop in Buenos Aires. Die Netzspannung in Argentinien beträgt 220V, daher ist keine Spannungsumwandlung notwendig.

Die WLAN-Verbindungen in Restaurants und in Airbnb Unterkünften sind in den Preisen inkludiert und funktionieren tadellos. Wir haben mehrmals Tango Tänzer getroffen, die ihr Home Office mit in den Tango-Urlaub genommen haben und von Buenos Aires aus im Homeoffice arbeiteten.

Sie sollten dabei beachten:

1) Die Betreiber der Restaurants und der Unterkünfte ändern die WLAN-Zugangs-Schlüssel zumeist nicht. D.h. diese Zugangskennwörter sind viel mehr Leuten bekannt, als Sie vielleicht annehmen. Wenn wir durch den Bezirk Palermo spazierten, wo wir schon dreimal gewohnt haben, ist es uns oft passiert, dass sich unsere Handys bemerkbar gemacht und durch akustische Signale gemeldet haben, dass z.B. neue Mails und Nachrichten eingetroffen sind. Sie haben sich automatisch in die WLANs eingeloggt, die sie bereits gekannt haben – auch wenn wir diese schon zwei Jahre früher benützt hatten. Leider kann das auch für das Ausspionieren Ihrer Geräte verwendet werden.

2) Ihr Notebook kann auch gestohlen werden. Achten Sie auf Verschlüsselung Ihrer Daten, sichere Passwörter und Zwei-Faktoren Authentifizierung.

Am Flughafen – wahrscheinlich Aeropuerto Internacional Ministro Pistarini, bekannt als Aeropuerto de Ezeiza[2] - in Buenos Aires angekommen, werden Sie wahrscheinlich gleich von allen Seiten von Taxi Fahrern und Taxi Unternehmen bestürmt, die Sie in die Stadt bringen wollen.

Wir raten davon ab, mit einem Taxifahrer, der Sie anspricht, mitzufahren. Das haben wir zwar anfangs aus Unwissenheit auch gemacht, aber erstens verlangen sie dann überhöhte Preise und zweitens gibt es Horror Geschichten über den nachfolgenden Raub Ihres Gepäcks und Geldes.

Obelisk

Bestellen Sie stattdessen lieber bei der Buchung des Quartiers gleich die Taxifahrt mit. Sie vereinbaren den Preis mit dem Quartiergeber schon von zu Hause aus, werden auch bei Verspätungen pünktlich abgeholt und ersparen sich den Ärger. Bezahlt wurde schon im Voraus oder Sie zahlen die vereinbarte Summe in US-Dollar. In Argentinien werden US-Dollar mittlerweile überall gerne genommen, sie sind die inoffizielle Zweitwährung.

Die alternative Möglichkeit, vom Flughafen zum Hotel zu kommen: Sie gehen in der Ankunftshalle zum Schalter von Taxi EZEIZA und buchen dort das Taxi. Sie können gleich in US-Dollar oder Euro bezahlen und der Taxifahrer holt Sie vom Schalter ab.

---

[2] Der zweite Flughafen von Buenos Aires, der hauptsächlich für Inlandsflüge genutzt wird, ist der Aeroparque Jorge Newbery. Er liegt im Stadtteil Palermo.

Ähnliches gilt auch für die Abreise: Sie sollten ein Taxi (plus Chauffeur) oder ein registriertes Taxi im Vorhinein buchen, das Sie zur gewünschten Zeit zum Flughafen bringt. Ein beliebiges Taxi von der Straße zu nehmen raten wir ab, da wir damit schon schlechte Erfahrungen gemacht haben.

Mitnehmen auf die Reise

Geld

Sie brauchen Geld in bar mit, da das Bezahlen mit Bankomat- oder Kreditkarte keine gute Idee ist. Bei Bankomat Abhebung verrechnen die Banken exorbitante Gebühren, außerdem wird der ungünstige offizielle Kurs verwendet.

Die argentinische Währung ist der argentinische Peso, der aber nicht frei konvertierbar ist (Stand Frühjahr 2025). Das bedeutet, dass Sie in Österreich keine Pesos von den Banken kaufen können.

Sie müssen also EURO in bar mitnehmen, oder US-Dollar. Der US-Dollar ist die – fast schon offizielle – Zweitwährung in Argentinien, die von vielen Leuten gerne angenommen wird. Nehmen Sie also einen größeren Bargeld Betrag, US-Dollar oder Euro mit und zwar jeweils in 100-er Scheinen!

Bis vor kurzem haben wir immer den gesamten Betrag für die Reise in bar mitgenommen, also gleich 8.000 bis 10.000 US-Dollar für mehrere Wochen Argentinien. Im Land haben wir das Geld im Safe deponiert und dann häppchenweise gewechselt. Das ist durchaus riskant.

Mittlerweile haben wir Accounts bei Western Union und können mit dem Mobiltelefon bei Bedarf Geld von unseren österreichischen Banken nach Buenos Aires überweisen, das wir dann bar abheben. Mehr dazu weiter unten.

Sie werden also möglichst bald eine Geldwechsel-Stube oder ein Western Union Büro aufsuchen müssen, um sich Pesos zu beschaffen. Die haben nur zu Geschäftszeiten geöffnet, also zumeist zwischen 8:00 und 18:00, Montag bis Freitag. Wir sind gerne zum „Cambio RIMINI" gefahren, Calle Paraguay 654, weil sie immer gute Wechselkurse angeboten haben. Das Rimini hat nur bis 16:00 offen. Fragen Sie immer zuerst nach dem Wechselkurs und vergleichen Sie auch die einzelnen Wechselstuben.

Eine populäre, etwas abenteuerliche Möglichkeit ist es, auf die Calle Florida zu gehen und sich dort ansprechen zu lassen: „Cambio, Cambio" rufen die Keiler. Fragen Sie zuerst nach dem Wechselkurs. Hier können

Sie ein wenig handeln, vor allem, wenn Sie mehrere hundert US-Dollar oder Euro wechseln wollen. Wenn Sie einverstanden sind, gehen Sie mit ihm in ein nahes liegendes Büro ins Hinterzimmer und der Geldwechsel kann stattfinden.

Mittlerweile haben die Geldwechsler Geldzählmaschinen. Trotzdem: unbedingt gleich nach-

Geld wechseln - mit Borges

zählen. Auch wenn das mehrere Minuten Zeit erfordert. Die Wahrscheinlichkeit, betrogen zu werden, ist gegeben.

Daher nur 100 – 200 US-Dollar oder Euro wechseln und am nächsten Arbeitstag in die oben beschriebenen Geldwechsel- Stuben gehen oder zu Western Union.

Warum können Sie nicht einfach auf der Bank in Buenos Aires wechseln? Dazu müssen Sie wissen, dass es zwei Umtausch Kurse gibt: den legalen offiziellen Dollarkurs und den Dollar Blue Kurs.

Beide Kurse werden auf Internet Seiten veröffentlicht, z.B. auf cuex.com:

Am 1. April 2025 bekamen Sie inoffiziell für einen US-Dollar 1.313,30 Pesos. Der offizielle Kurs lag bei 1.072,95 Pesos. Vor einigen Jahren war die Schere zwischen dem offiziellen Umrechnungskurs und dem Dollar Blue Kurs viel größer, bis zu 2:1. Was für uns Touristen bedeutete, dass wir sehr billig in Argentinien leben konnten. Das ist jetzt vorbei.

Durch die Politik des Präsidenten Milei wurde der Peso massiv abgewertet und die Wechselkurse angepasst. Dadurch sank die Inflation stark, von 214% noch im Jänner 2024 auf etwa 62% im März 2025. Durch die Abwertung erhöhten sich die Preise dramatisch. Mittlerweile haben die Lebenshaltungskosten fast schon mitteleuropäisches Niveau erreicht.

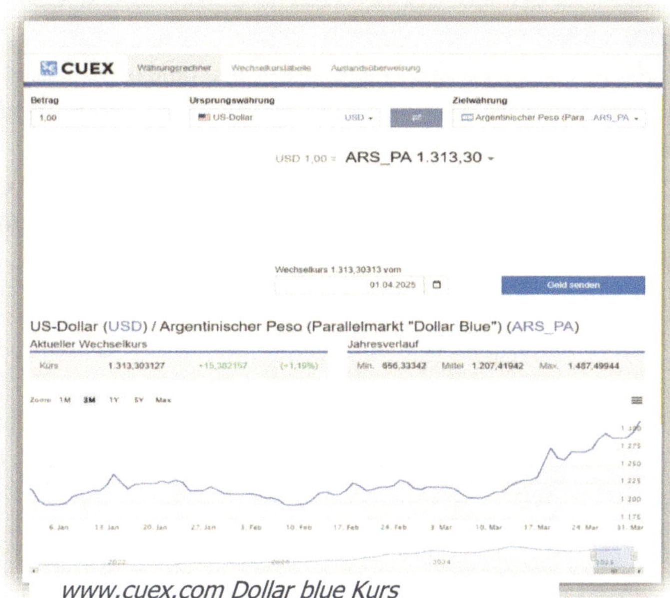

www.cuex.com Dollar blue Kurs

Rechnen Sie damit, dass Argentinien teuer geworden ist und preislich sich dem europäischen Niveau nähert. Da es in Argentinien keine Erfahrung mit ungeregelten Preisen gibt, kosten manche Artikel sogar mehr als z.B. in Mitteleuropa: Milch, Gewürze, Toilette-Artikel, Schreibwaren, etc.

Planen Sie also mit realistischen Kosten pro Tag Ihres Aufenthalts. Im Anhang „Kosten" geben wir eine Schätzung ab, wieviel unserer Meinung nach ein Aufenthalt in Buenos Aires kosten könnte.

Wir raten aus unserer Erfahrung, die Western Union App auf Ihr primäres Mobiltelefon zu installieren. Sie müssen sich dort mittels Video Call registrieren, falls Sie mehr als € 5.000,- auf einmal überweisen wollen. So viel Geld haben aber die meisten WU-Büros nicht lagernd, sodass Sie besser in kleineren Beträgen an sich überweisen. Prüfen Sie, ob Ihre Bank Überweisungen via Western Union durchführt. Überweisen Sie an sich selbst das Geld, mit Zielland Argentinien. Achten Sie darauf, dass Sie Ihren Namen genauso schreiben wie er im Pass steht! Mit Ihrem Namen und der MCN-Nummer können Sie in Buenos Aires ein Büro von Western Union aufsuchen und das Geld bar beheben. Die Transfergebühren betragen für Beträge zwischen € 200 bis € 500 € 18,-, ab € 500,01 bis € 5.000 3,0%.

Hinweis: Western Union verwendet eigene Umtauschkurse! Manchmal sind sie besser als der Dollar Blue, manchmal ein wenig schlechter, jedenfalls immer deutlich besser als der offizielle Kurs.

Falls Sie Bargeld mitnehmen: Sie dürfen pro Person maximal € 10.000- aus der EU ausführen und maximal US-Dollar 10.000,- nach Argentinien einführen.

Zweites Mobiltelefon – „Opferhandy"

Da es durchaus vorkommen kann, dass man in der Stadt bestohlen bzw. beraubt wird, empfehlen wir, für den alltäglichen Gebrauch ein zweites Mobiltelefon mitzunehmen, ein „Opfer"-Telefon sozusagen. Mehr dazu und zur Sicherheit in Buenos Aires finden Sie weiter unten, im Kapitel „Sicherheit".

Auf diesem zweiten Mobiltelefon sollte zumindest installiert sein: Google Maps, Uber, WhatsApp. Außerdem raten wir zum Kauf einer SIM-Card eines lokalen Telefon-Providers. Die größten Anbieter sind Claro, Moviestar und Personal. Sie können die Verkaufsstellen dieser Provider z.B. in Google Maps finden. Vergessen Sie nicht, ein offizielles Dokument wie z.B. Ihren Pass mitzunehmen. Wobei auch die Kopie des Reisepasses ausreichen dürfte, jedenfalls hatte ich 2023 und 2024 keine Probleme damit.

Mit eSIM haben wir bis jetzt keine Erfahrung, weil die Gebühren deutlich höher sind, als mit einer Prepaid Karte eines lokalen Anbieters.

Mit einer lokalen Prepaid Card auf Ihrem Zweit-Handy können Sie sich problemlos in der Stadt mittels Google Maps orientieren und auch zu Fuß zu einem Zielort navigieren. Die Navigation als Fußgänger funktioniert bei Google Maps nur mit einer lokalen SIM-Card bzw. eSIM.

Die Uber App werden Sie höchstwahrscheinlich für Ihre Fahrten in der Stadt benutzen. Der Vorteil liegt nicht nur in dem im Voraus festgesetzten Preis, sondern auch an der Registrierung der Fahrt durch Uber. Vorsicht ist immer besser.

Es kann auch Vorteile
bringen: Eine Bekannte
bekam durch diese Re-
gistrierung sogar einen
teuren Schal zurück, den
sie im Uber-Taxi verges-
sen hatte!

Park im Zentrum

Pass Kopie

Kopieren Sie Ihre Dokumente, wie z.B. den Pass. Die Kopie nehmen
Sie dann täglich mit, das Original Dokument lassen Sie im Safe. Die Polizei
akzeptiert das schon.

Zweite Geldbörse

Verwenden Sie eine eigene Geldbörse, wenn Sie auf die Straße gehen.
Mit dem nötigen Kleingeld für die nächsten Stunden. Das ist eine Sicher-
heitsmaßnahme. Weiteres finden sie weiter unten im Kapitel „Sicherheit".

Sprechen Sie Spanisch?

Die jungen Argentinier können mittlerweile ganz passabel Englisch,
Verstehen und Sprechen. Die heutigen Tango Lehrer können zumeist gut
Englisch, auch wollen die Argentinier gerne ihr Englisch üben. Allerdings
können sie sich oft auf Spanisch verständlicher ausdrücken.

Sie werden immer wieder auf vor allem ältere Argentinier treffen, die
nur Spanisch sprechen. In diesen Fällen ist es gut, wenn Sie auf Ihrem
Mobiltelefon eine Vokabel-App oder ein Übersetzungsprogramm installiert
haben. Argentinier sind zumeist recht freundlich und bemüht, Ihre Anlie-
gen und Fragen zu verstehen und zu beantworten. Kurz gesagt: Englisch
oder Spanisch, in einer dieser Sprachen müssen Sie kommunizieren.

Wir verwenden am Mobiltelefon gerne das Übersetzungsprogramm
von deepl.com und für Vokabeln auch Pons.

Da Argentinien ein Einwanderungsland ist, verstehen und sprechen die Leute oft auch noch andere Sprachen. Gerade im Großraum Buenos Aires sind italienische Sprachkenntnisse weit verbreitet. Deutschsprechende Argentinier findet man manchmal, aber selbst im Süden, in Bariloche, nur noch selten.

Wohnen

Vorab: Achten Sie auf die Wohngegend! Argentinien und Buenos Aires sind in den letzten Jahren sicherer geworden. Viele Horror Geschichten aus den Jahren kurz nach 2000 sind heute Gott-sei-Dank nicht mehr aktuell. Mehr dazu im Kapitel „Sicherheit" weiter unten.

Trotzdem sollten Sie darauf achten, dass Ihre Wohngegend relativ sicher ist, Sie also auch des nachts, nach der Milonga, sicher zu Ihrer Unterkunft zurückkehren können.

Sichere Viertel in Buenos Aires sind die eher „besseren" Viertel im Norden der Stadt, wie z.B. Palermo (mit seinen beiden Stadtteilen Soho und Hollywood), Recoleta, Plaza San Martín und San Telmo. Letzteres ist sehr pittoresk und reizvoll, liegt allerdings schon weiter vom Stadtzentrum entfernt. Das bedeutet einen im Allgemeinen längeren Anfahrtsweg zu den Milongas.

Unsichere Gebiete sind z.B. Montserrat, La Boca, Congreso und Villa 31. Letzteres ist sogar so gefährlich, dass Sie auch

Fast ländlich in Palermo

tagsüber nicht in dieses Viertel gehen können. Höchstwahrscheinlich wird Sie der nächste Polizist, der Sie sieht, zurückweisen.

Dagegen ist in Palermo auch in der Nacht die Polizei sehr präsent. Wir sind öfters um 3:00 oder 4:00 früh von einer Milonga ein bis zwei Kilometer zu unserer Unterkunft spaziert. Wir haben uns nie unsicher gefühlt. In

Congreso dagegen haben wir für die Fahrt zur Milonga stets ein Taxi oder Uber-Taxi benutzt, genauso für die Rückfahrt.

Wenn Sie eine Unterkunft buchen wollen, machen Sie sich zuerst schlau, ob die Gegend sicher ist. Dazu lesen Sie am besten die Kommentare auf Booking.com oder auf Airbnb.com. Falls Sie sich unsicher fühlen: rufen Sie ein Taxi oder verwenden Sie Uber.

Ein weiteres Kriterium ist auch der Anschluss an das öffentliche Verkehrsnetz. Die U-Bahnen (Metros) in Buenos Aires sind ein sehr preisgünstiges

Aussicht von unserem Balkon, Palermo

und schnelles Verkehrsmittel. Es zahlt sich also aus, in der Nähe einer U-Bahn-Station zu wohnen.

Achten Sie auf möglichen Straßenlärm. Im ersten oder zweiten Stock an einer belebten Straße kann es schon sehr laut werden, auch in der Nacht. Obere Stockwerke sind hier zu bevorzugen.

Achten Sie darauf, dass das Zimmer oder Appartement eine funktionierende Heizung oder Klimaanlage hat. Das ist in der kalten (Juli, August) oder warmen (Januar, Februar) Jahreszeit unbedingt notwendig.

Im südamerikanischen Sommer müssen Sie auch mit Gelsen und Kakerlaken rechnen. Die Belästigung ist zumeist in den unteren Stockwerken (Erdgeschoß bis zweiter Stock) höher und nimmt mit der Höhe ab. (Da es vor einem Jahr zu einem Engpass an Insektenschutzmittel gekommen war, empfiehlt es sich, diverse Sprays und Stecker mitzunehmen. 2025 haben wir sie nicht gebraucht, aber sicher ist sicher) Lesen Sie unbedingt die Kommentare zur Unterkunft, bevor Sie Ihren Aufenthalt buchen.

Kleiner Tipp: Schauen Sie sich die Bilder der möglichen Unterkunft an, vor allem die Badezimmer und Klos. Oft sind die recht klein im Vergleich zu unseren Sanitärräumen. Ein sauberes, großes Klo ist schon ein großer Pluspunkt.

Offiziell ist das Leitungswasser in Buenos Aires trinkbar. Der starke Zusatz von Chlor ist bemerkbar, so dass wir Trinkwasser nur aus Plastikflaschen konsumiert haben.

Hotels

Hotels sind meistens komfortabel, mit Zimmer Service, Frühstück, einer Rezeption, wo Sie alles Mögliche fragen können und einer Mini-Bar. Diese Bequemlichkeiten bezahlen Sie natürlich, sie sind teurer als Airbnb.

Wir sind in den ersten Jahren immer in Hotels abgestiegen. Unsere Erfahrungen damit sind durchwachsen. Oft finden sie Hotels, die schon in die Jahre gekommen sind und renoviert gehörten. Der Standard in Buenos Aires ist sicher nicht so hoch wie in Europa. Lesen Sie daher immer die Gastkommentare über die Unterkünfte.

Unsere Informationsquelle für die Hotelsuche war Booking.com. Wir haben meistens über diese Plattform gebucht und hatten damit keine Probleme.

Tangohotels

Es gibt in BA einige Hotels, die in besonders tangoaffinen Gegenden angesiedelt und/oder speziell für die Bedürfnisse von Tangueros eingerichtet sind.

Erstere sind mit Tangobildern, Emblems und Gegenständen ausgestattet und befinden sich im Microcentro, also der Gegend um die Avenida de Mayor, unweit der legendären Confitería Ideal, dem Marabú, der Plaza de Congreso, wo Freiluft Milongas abgehalten werden, und dem Café Tortoni.

Z.B. Tango de Mayo Hotel in der Avenida de Mayo (hier liegen viele Infos zu Tango Events auf), oder Argentina Tango Hotel in der Calle Suipacha.

Auch hier gilt: unbedingt vor einer Buchung mehrere Rezensionen lesen!

Das Apassionata Tango Hotel in Congreso, Calle Pasco, ist sehr liebevoll und originell eingerichtet und bietet auch einen eigenen Saal für Prácticas und Milongas, aber nicht alle Zimmer verfügen über ein eigenes Bad.

Das Abasto Hotel ist ein großes Hotel auf der Avenida Corrientes, gegenüber dem Einkaufszentrum gleichen Namens, und beansprucht laut Plakette, das erste echte Tangohotel zu sein. Es befindet sich mitten im Abasto Viertel, in dem Carlos Gardel aufgewachsen ist, in Gehweite des Hauses, das er seiner Mutter gekauft hat, jetzt ein sehr sehenswertes Museum der „Drossel" (Zorzal, Spitzname von Gardel), und der Esquina Cultural El Zorzal, die erst seit drei Jahren besteht und von einem engagierten Team geführt wird. Dieses Kulturzentrum bietet täglich mehrere Kurse, Milongas und Tangomode.

Das Abasto Hotel hat einen großen Saal, in dem jeden Samstag die beliebte „Milonga de Buenos Aires" stattfindet, aber auch große Tango Festivals und Wettbewerbe abgehalten werden.

Im traditionsreichen San Telmo Viertel (Freiluft Milongas und -vorführungen auf der Plaza Dorrego, eine große Markthalle, nette alte Häuser im Kolonialstil, ein Kunst- und Kulturmarkt, etc.) befindet sich das Hotel Mariposita de San Telmo, ideal für Leute, die alles an einem Ort haben möchten: Boutique Hotel, Appartements, einen Patio (Innenhof-) und eine eigene Tangoschule.

Airbnb

Die Plattform Airbnb.com ist Ihnen vielleicht schon bekannt, daher erübrigt sich hier eine diesbezügliche Beschreibung.

Die letzten drei Jahre haben wir Airbnb Appartements genommen. Hier gibt es eine große Auswahl, die nach der Wahl des Präsidenten Milei noch zugenommen hat.

Sie finden von einzelnen Zimmern bis Appartements wirklich alle Möglichkeiten. Achten Sie auch hier auf die Lage bzw. Sicherheit, speziell in der Nacht.

Zur Sicherheit sollten Sie nachfragen, ob es im Haus beim Eingang einen Portier oder Security-Service gibt und ob der zu jeder Zeit vor Ort ist.

Sie werden rasch merken, dass es in Südamerika nicht üblich ist, hausfremde Personen, wie Pizzaboten oder Post-Zusteller, ins Haus zu lassen. Auch Freunden kann man nicht mittels Remote-Türöffner das Haustor öffnen. Sie müssen in so einem Fall immer zum Hauseingang gehen und Ihre Freunde persönlich hereinlassen.

Noch ein Tipp: Falls Sie das Zimmer/Appartement verlassen, vergewissern Sie sich, dass wirklich alle Fenster, Oberlichten oder Balkontüren verschlossen und verriegelt sind. Immer! Ansonsten könnten Sie bei Ihrer Rückkehr eine unangenehme Überraschung erleben.

Der Tango in Buenos Aires

Milongas

In Buenos Aires (Stadt und näherer Umgebung) finden jeden Abend zwischen 20 und 30 Milongas und Prácticas statt. Diese große Auswahl ist wohl weltweit einzigartig und das macht Buenos Aires für uns Tangotänzer so anziehend.

Es ist aber nicht nur die schiere Anzahl an Milongas und Prácticas, sondern die Vielfalt und Verschiedenheit der einzelnen Veranstaltungen. Sie finden in Buenos Aires wirklich alles: traditionelle Milongas, die sehr förmlich sein können, unkonventionelle Milongas ohne Dress-Code oder Sitzordnung, Queer-Milongas, Touristen-Milongas, Milongas, wo die Porteños eher unter sich bleiben, Milongas für junge Argentinier (die auch eher unter sich bleiben wollen), Freiluft-Milongas und auch sehr schräge Milongas - „La Catedral" sollten Sie schon mal gesehen haben.

Einen Ratschlag noch: Legen Sie alle Ihre Erwartungen ab. Es ist alles ganz anders als zuhause oder in den Marathons, Festivals oder Encuentros, die Sie bisher gewohnt sind. Gehen Sie am besten mit keinen Erwartungen hin. Der Tango in Buenos Aires kann gnadenlos sein und auch wunderschön. Haben Sie Geduld und geben Sie nicht auf.

Wo finden Sie Informationen über die aktuellen Milongas?

In Buenos Aires gibt es einen sehr informativen Tango Kalender:

https://www.hoy-milonga.com/buenos-aires/es

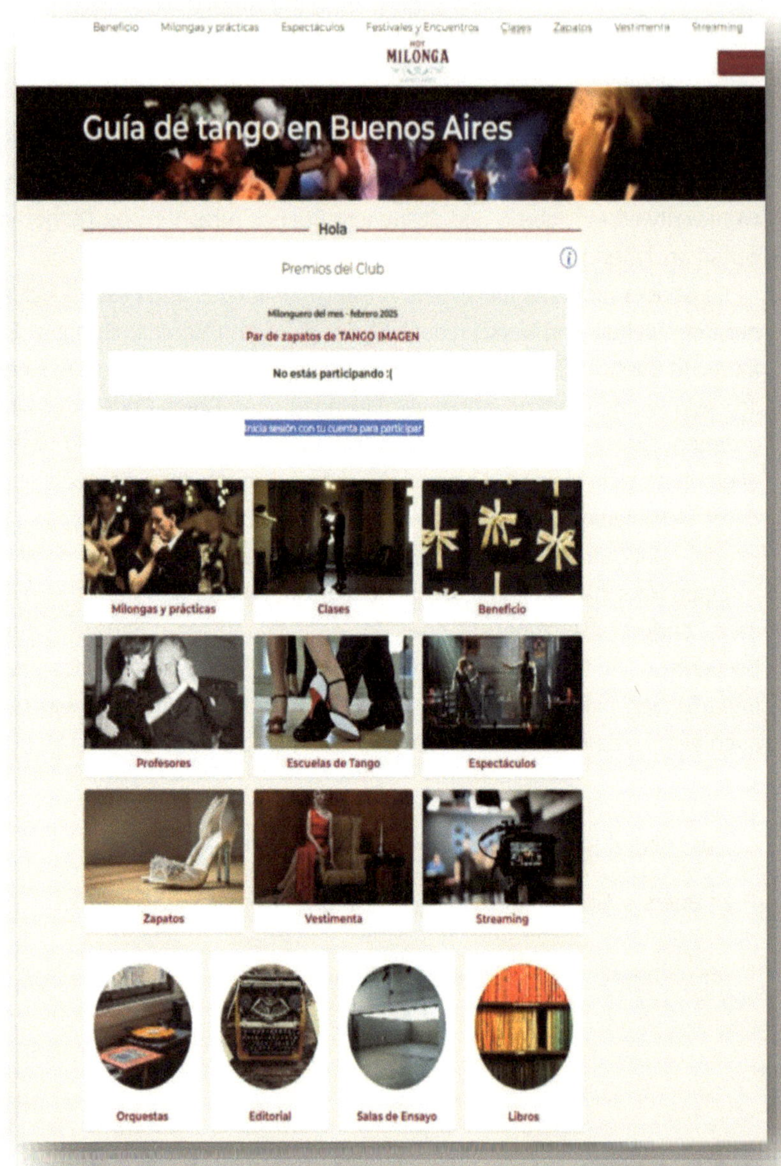

Tango Kalender Buenos Aires www.hoy-milonga.com

Wir klicken auf „Milongas y prácticas„ und erhalten für Donnerstag, den 27. Februar 2025 folgende Liste:

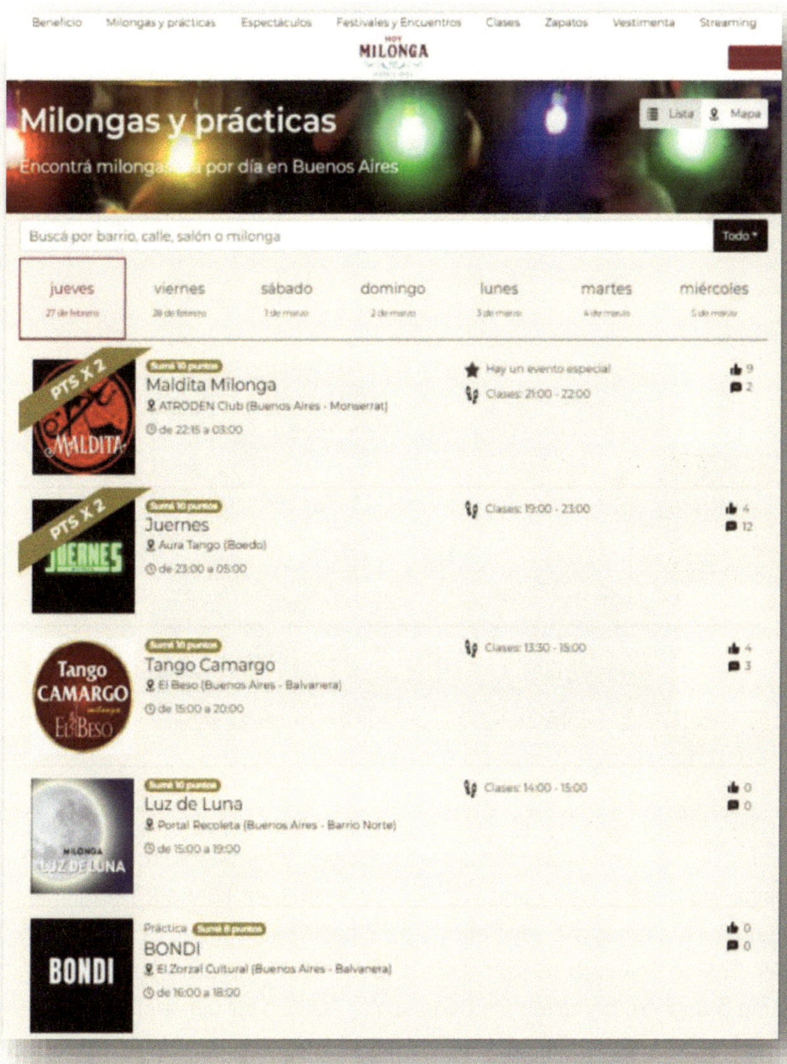

Liste aller Milongas des Tages - Ausschnitt

Insgesamt 24 Milongas am Donnerstag, 27. Februar 2025.

Klickt man auf eine der Milongas, so öffnet sich der Detailschirm:

Die Milonga im Detail

Im Detailschirm finden Sie die notwendigen Informationen: Wo die Milonga stattfindet, wann und wie Sie sich anmelden können. Die Anmeldung sollte immer mit der Handy-App WhatsApp erfolgen. Schreiben Sie den Text in Spanisch oder Englisch. Falls Sie dabei sprachliche Unterstützung brauchen, benutzen Sie DeepL.com, PONS oder ein ähnliches Übersetzungsprogramm. DeepL arbeitet mit KI-Algorithmen und ist leicht zu bedienen.

Telefonische Anfragen sind normalerweise nicht erwünscht.

Welche Milonga passt für mich?

Nehmen wir an, dass Sie als Ausländer interessiert sind, möglichst viel mit Einheimischen zu tanzen. Dann eine Warnung gleich vorweg: Sie werden anfangs eher mit anderen Touristen tanzen.

Die Milongas kann man grob einteilen in:

- Milongas, die hauptsächlich von Jüngeren (unter 40 Jahre) besucht werden. Die wollen meistens unter sich bleiben. Beispielsweise „Muy Lunes" am Montag.
- Eher traditionelle Milongas, wo die Porteños unter sich bleiben wollen, z.B. „Gente amiga", „Cachirulo" oder „Sunderland". Dort werden Sie zwar kaum Erfolg haben, mit Einheimischen zu tanzen, aber der Besuch einer traditionellen Milonga, einfach aus Interesse, hat durchaus seinen Wert.
- Touristenfreundliche Milongas, wo auch viele Einheimische tanzen, sind z.B. „La 2x3 Fiesta Milonguera", „Maldita Milonga", „La Milonga de Lucy", „Barajando", „Yira Yira", „Milonga de Buenos Aires" oder „Sueño Porteño".
- Touristen Milongas, die viel Live-Musik, Shows und Konzerte anbieten, eher für nicht-tanzende Besucher, z.B. im „Marabú".
- Queer Milongas.
- Spezial-Milongas wie „La Catedral".
- Open Air Milongas, wie „Los Sensibleros", „La Glorieta". Der Eintritt ist eine freie Spende, die in eine Mütze gelegt wird (a la gorra). Auf Grund der wirtschaftlichen Situation finden die Freiluftmilongas derzeit sehr viel Zuspruch.

Hinweis: die Anzahl der Milongas wie auch die Milongas selbst ändern sich dauernd. Milongas kommen und verschwinden wieder. Auch der Charakter einer Milonga ändert sich mit der Zeit. Erwarten Sie nicht, dass Sie im nächsten Jahr, bei Ihrem nächsten Besuch, die Milongas „so wie voriges Jahr" vorfinden werden.

Als Europäer fallen einem sofort deutliche Unterschiede der lokalen Milongas zu den heimischen Veranstaltungen auf:

- Der Platz wird zugewiesen, es gibt keine freie Platzwahl. Die meisten Plätze in einer Milonga sind fix reserviert und gehen an langjährige, wöchentlich wiederkehrende Besucher. Als Tourist, der gerade mal drei Wochen vor Ort ist, ist es meistens unmöglich, an die „guten" Plätze neben der Tanzfläche zu kommen.
Es gibt eine informelle Hierarchie, in der man durch jahrelangen regelmäßigen Besuch hineinkommt und aufsteigt. Dafür braucht es schon einige Jahre. Das trifft Argentinier und Ausländer gleichermaßen.

- Es ist notwendig, sich vor der Veranstaltung anzumelden und damit einen Platz oder einen Tisch zu reservieren. Das geht einfach mittels WhatsApp, wie weiter unten beschrieben. Nur wenn Sie sehr spät erscheinen wollen, ist die Anmeldung nicht mehr notwendig: viele Besucher sind dann schon gegangen und Sie haben fast freie Platzwahl.

- Milonga und Veranstaltungsort sind zwei verschiedene Dinge: Am selben Ort können während der Woche mehrere verschiedene Milongas von verschiedenen Veranstaltern abgehalten werden: z.B. im El Beso werden täglich Nachmittags- und Abend-Milongas durchgeführt, von verschiedenen Veranstaltern. Damit wechselt auch das Zielpublikum: am Montagnachmittag spricht die Milonga Anfänger und Leicht Fortgeschritten an, gerne mit Touristen, während am Donnerstagabend die Porteños unter sich bleiben wollen. D.h. es ist wesentlich, wie die Milonga heißt und wer sie veranstaltet, nicht der Ort.

- Die Tanzfläche ist - fast immer - übervoll. Nirgendwo sonst findet man so viele Tänzer auf engem Raum wie in Buenos Aires. Das wirkt sich naturgemäß auf das Tanzverhalten aus, doch davon später.

- Es sind prozentuell deutlich mehr Männer als in Europa in den Milongas. Manchmal gibt es einen Frauenüberschuss, aber meist nicht so stark wie in Europa. Manchmal gibt es auch einen Männerüberschuss. Um die Chancen noch mehr auszugleichen, engagieren viele Milonga Betreiber zusätzlich Taxi Tänzer.

Zum Begriff „Porteños" (= Bewohner des Hafens): Damit bezeichnen sich die Bewohner von Buenos Aires selbst. Die Porteños sind eine bunte

Mischung von Einwanderern, wobei neben den Spaniern die Italiener eine große Gruppe darstellen.

In den Milongas findet man daher Argentinier (alle Einheimischen, die nicht aus der Stadt sind), Porteños und ausländische Touristen („Extranjeros").

In manchen Milongas wollen die Porteños unter sich bleiben. Für Sie bleibt dann die Wahl: bleiben und das Spektakel beobachten oder zur nächsten Milonga weiterziehen.

Verhaltenstipps für einen möglichst erfolgreichen Milonga Besuch

Wir werden versuchen, einige Verhaltenstipps zu geben, wie Sie sich besser in die Milongas einbringen und mehr gute Tandas erreichen können. Sie werden schnell feststellen, dass es in Buenos Aires sehr wichtig ist, dass Sie bekannt sind. Argentinier tanzen zuallererst mit ihren Bekannten, dann vielleicht mit anderen Einheimischen. Oft besteht eine Scheu, sich mit Tänzern aus Europa oder USA einzulassen.

Mit wem wollen Sie auf die Milonga gehen?

Es empfiehlt sich, wenn möglich, in einem kleinen oder größeren Freundes-, bzw. Bekanntenkreis hinzugehen. So kommt man zumindest untereinander zum Tanzen und wird von den anderen Besuchern gesehen (wichtig bezüglich Etikette und angemessenem Tanzverhalten). Dann sollten Sie auch keine grundlegenden Fehler am Tanzparkett begehen, die Erklärung folgt weiter unten.

Auch der Besuch des fast vor jeder Milonga stattfindenden Gruppenkurses ist empfehlenswert, weil man dann schon mit verschiedenen Teilnehmern – auch Porteños – getanzt hat und kein völlig „unbeschriebenes Blatt" mehr ist.

Ideal, aber selten, ist natürlich der Besuch einer Milonga mit den eigenen Lehrern, die durch ihre Bekanntheit und Prominenz eine willkommene „Eintrittskarte" darstellen. Diese nette Gepflogenheit hat sich aber leider ziemlich aufgehört. Dafür können Sie Taxi Tänzer buchen.

Mit dem eigenen Partner, der eigenen Partnerin: dann eher getrennt setzen lassen, auch wenn man/frau dann keine Ansprache hat. Es gilt nach wie vor das ungeschriebene Gesetz, Paare als solche zu respektieren, eine Verletzung dessen kann gefährliche Folgen nach sich ziehen.

Signalisiert aber der Mann, dass seine Partnerin allgemein „tanzbar" ist, indem er herumgeht und andere Damen auffordert, ist dieses Tabu gebrochen.

Mit Leuten, die die Veranstalter kennen, bekommt man auch als Neuling bessere Plätze.

Bei sehr geschlossenen Milongas, in denen es auch für Argentinier, die keine Porteños sind, unmöglich ist, zu Fremd-Tandas zu kommen, wird man nicht umhinkommen, sich einen Taxitänzer/eine Taxitänzerin zu engagieren. Diese stehen einem dann für einige Stunden oder für einen Abend zur Verfügung, zu einem Austausch mit anderen kommt es nicht, es sei denn, man geht in einer Gruppe mit ausgewogenem Taxitänzer-Verhältnis hin, wo sich alle miteinander abwechseln.

Machen Sie sich mit dem Gedanken vertraut, dass die Milongas für Sie gegen Schluss am schönsten sein werden.

Tisch/Platz reservieren

Alle Milonga Betreiber bieten über WhatsApp die Möglichkeit an, Plätze im Voraus zu reservieren. Das empfiehlt sich vor allem bei sehr gut besuchten Milongas.

Bei manchen Milongas wird dann gefragt, ob man getrennt oder zusammensitzen möchte. Danach werden die Plätze an den Tischen zugeteilt. Neulinge und Ausländer bekommen traditionell die schlechtesten Positionen – im hintersten Eck, ganz weit weg von der Tanzfläche, gleich bei den „baños" (Toiletten) etc. Protestieren hilft nicht immer, aber einen Versuch ist es wert, kommt auf die Persönlichkeit des Betreibers an. Manchmal hilft auch ein kleines Trinkgeld (genannt „Propina"), das man dem Platzanweiser wortlos zusteckt.

Sonst muss man sich die attraktiveren Plätze „ersitzen", d.h. unverdrossen immer wieder kommen, Präsenz zeigen, Ausdauer und Geduld. Geht natürlich nur bei längerem Aufenthalt in Buenos Aires.

Kleidung

Die Bekleidung ist je nach Milonga verschieden, von leger bis elegant. Im Zweifelsfall ist es besser, die Variante „elegant" zu wählen. Sie sollten jedoch vorsichtig sein, falls Sie vorhaben, abends öffentlich anzureisen: zeigen Sie niemals auf der Straße, dass Sie viel Geld haben könnten! Nehmen Sie bei eleganter Kleidung immer Uber oder Taxi.

Für die Herren, um nicht sofort als Ausländer diskriminiert zu werden: unbedingt eine Bundfaltenhose, bekommt man auch in Europa bei guten Tangomode-SchneiderInnen, Hemd und Gilet. Eine Anzugjacke ist nicht nötig, wenn man nicht gerade vorhat, eine Vorführung zu geben.

Die Damen haben wesentlich mehr Freiheit, sich elegant und sexy zu kleiden, wobei bei Argentinierinnen eine größere Unbekümmertheit bezüglich zu Alter und Figur passender Kleidung zu bemerken ist.

Ein Fächer ist immer dabei (haben auch manche Herren), den braucht man auch.

Selbstverständlich kommt frau geschminkt und perfekt hergerichtet, mit Ausnahme der Freiluft Milongas, wo es legerer zugeht.

Ein Wort in dem Zusammenhang zu den Örtlichkeiten „um sich frisch zu machen". Die Toiletten verfügen meist über alle möglichen Artikel zum freien Gebrauch, von Deos und Parfums bis zu Blasenpflastern, Sicherheitsnadeln, Nähzeug, Tampons etc.

Cortinas und tänzerische Einlagen während der Milonga

In Buenos Aires wird gerne lateinamerikanische Musik während der Cortina gespielt: Cumbia (sehr häufig), Rock'n Roll, Salsa, Bachata, Cuarteto Cordobés etc.

Finden sich mehrere Paare, die dazu tanzen, wird das Lied in der Cortina fertig gespielt, die Tänzer erhalten oft auch Applaus.

Zusätzlich spielt der DJ einmal in der Milonga anstelle einer Tanda gleich mehrere der oben genannten Musikstücke. Z. B. ein, zwei Cumbias, dann Rock'n Roll, etc.

Da tanzen praktisch alle mit, die allermeisten Argentinier beherrschen auch diese Tänze.

Nach diesem optionalen Nicht-Tango-Block kommen zwei Chacareras. Das gehort zum Pflichtteil jeder argentinischen Milonga! Die einfache Chacarera kann man schnell erlernen, wir empfehlen das allen Buenos Aires Besuchern. Passen Sie auf den Rhythmus auf, es gibt eine Variation mit 8 und mit 6 Schritten, die weniger oft gespielt wird. Die Chacarera Doble ist fast gleich zur einfachen Chacarera, mit kleinen Variationen. Zur Erklärung siehe auch https://www.tango-dj.at/dancing/chacarera.htm.

Nach der Chacarera wird traditionell Zamba gespielt, ein Paartanz, in der Tänzerin und Tänzer ein Tuch schwingen und aneinander umkreisen. Dieser Tanz ist in den Dörfern entstanden und ist eine rituelle Werbung der Gauchos um ihr Mädchen.

Für Unerfahrene sieht der Tanz recht einfach aus, in Wirklichkeit ist er höchst kompliziert, da alles eine Bedeutung hat: wie das Tuch geschwungen wird, wie sich das Paar einander nähert und entfernt. All das sind feine Codes, die dem Partner zu verstehen geben, ob die Frau die Werbung annimmt und bereit ist, sich näher zu kommen, oder ob sie ablehnt.

Wir haben Unterricht in beiden Tänzen gehabt und tanzten gerne die Chacareras mit. Das Erlernen einer guten Zamba erfordert jedoch viel mehr Zeit und Hingabe. Wir begnügen uns dabei auf die Rolle der Zuschauer.

Die Etiquette - Códigos

Diese ungeschriebenen Regeln sind in Buenos Aires zu beachten, auch wenn Sie uns manchmal seltsam erscheinen.

- Nach dem Zahlen an der Kassa warten Sie, bis der Veranstalter kommt und Ihnen einen Platz oder Tisch zuweist. Wenn Sie es bei der Reservierung über WhatsApp nicht angegeben haben und paarweise gekommen sind, dann werden Sie zumeist gefragt, ob Sie gemeinsam oder getrennt sitzen wollen. Wenn Sie zu zweit sind, kann es durchaus Sinn machen, dass Sie nach Leader/Follower getrennt sitzen, oftmals an Sitzreihen gegenüber im Saal. Sitzt man zu zweit, wird die Dame höchstwahrscheinlich nicht aufgefordert! Erst wenn der Partner selbst andere Damen auffordert, steigt die Wahrscheinlichkeit, dass andere Männer die Frau zum Tanz einladen.

Wenn Sie in einer Gruppe unterwegs sind, ist es unserer Erfahrung nach chancenreicher, wenn Sie zusammen einen Tisch belegen. Kommen Sie in einer Gruppe, lässt sich die Tischwahl durchaus diskutieren: beim nächsten Mal werden Sie sicherlich einen besseren Tisch bekommen. Daher ist es so wichtig, sich mit Gleichgesinnten zu organisieren. Wenn Sie Woche für Woche mit bzw. in einer Gruppe die Milonga besuchen, werden Sie besser gesetzt.

Die Aufforderung zum Tanzen erfolgt prinzipiell über Mirada (Blickkontakt) und Cabeceo (kurzes Nicken als Zeichen des Einverständnisses), verbales Auffordern ist tabu, wobei bei der Mirada auch ein stummes, mit den Lippen formuliertes „bailamos" (tanzen wir?) möglich ist.

Es ist verpönt, Unbekannte verbal um einen Tanz zu fragen. Das kommt zwar gelegentlich vor, aber Sie sollten es nicht tun! Trotzdem kommen auch verbale Aufforderungen oder mit höflich angebotener Hand gelegentlich vor, was eigentlich im traditionellen Sinn einer kleinen Nötigung gleichkommt, denn nur durch Wegschauen kann frau so eine Einladung kaum ablehnen.

Als Führender wurde ich in Buenos Aires schon mehrfach von einheimischen, mir unbekannten Damen gefragt, ob ich mit Ihnen tanzen möchte. Das war eindeutig ein Verstoß gegen die Códigos. Ich habe trotzdem die Einladung angenommen und muss sagen, dass ich das nicht bereut habe.

Als Frau sollten Sie jedoch sehr vorsichtig sein: wenn unbekannte Herren Sie ansprechen und zum Tanzen auffordern, steckt oft ein anderes Motiv dahinter. Im „besten" Fall will er Ihnen Tango-Privatstunden andrehen, was peinlich genug ist, manchmal gibt es auch andere Absichten. Als Dame sollten Sie eher nur Einladungen mittels Cabeceo annehmen.

Ein Wort noch zu den selbsternannten Maestros, die gerne an Touristinnen ihre Visitenkarten verteilen, auf denen sie sich als Professoren von „Tango-Universitäten" ausweisen. Auf diese „Maestros" sollte man getrost verzichten. Echte Profis haben ein derart aufdringliches Verhalten nicht nötig, ganz im Gegenteil – je größer die Kompetenz

und Prominenz, desto schwieriger ist es, bei solchen Lehrern überhaupt Privatstunden zu bekommen. Mehr dazu unter „Lehrer". Klarerweise haben Sie auch in Buenos Aires das Recht, jederzeit Nein sagen zu können, bzw. einfach wegzuschauen.

Abasto Hotel am Samstag

- Bevor Sie mit Ihrer Partnerin die Tanzfläche betreten, vergewissern sie sich mit Blickkontakt, dass Ihnen das Paar, das sich bereits auf der Tanzfläche befindet, den Vortritt lässt.

Auf der Tanzfläche: Achten Sie auf die Tanzrichtung – „Ronda". Halten Sie Abstand zu den Nachbar-Paaren und um Gottes Willen stoßen Sie nicht an ein anderes Paar an. Das kommt in Buenos Aires überhaupt nicht gut an! Sie können sich als Führender den Abend ganz schnell ruinieren, wenn Sie da nicht aufpassen (es tanzt dann niemand mehr mit Ihnen).

- Sollten Sie dennoch mit einem anderen Paar zusammenstoßen, egal wie stark, entschuldigen Sie sich. Es ist egal, wer schuld war. Es verlangt die Höflichkeit, sich zu entschuldigen.

Wenn Sie als erfahrener Tänzer gelten wollen, achten Sie darauf, auf der äußersten Spur zu tanzen. Die Anfänger tanzen eher im Innenteil der Tanzfläche.

Niemand tanzt sofort bei Musikbeginn! Man hört sich ein, stellt sich auf die Musik ein, wartet die Einleitung ab, die Bereitschaft der Partnerin, die Verbindung. Das gehört zu den kostbaren Momenten

Maldita Milonga

einer Tanda und zeugt von Respekt vor dem Tango, der Musik und den anderen.

- Wichtig!! Keine weitläufigen Figuren!! Keine Sacadas, Giros, Boleos oder Ganchos. Gerade als Neuling in einer Milonga sollten Sie sich strikt an den Milonguero Stil halten. Also Körperkontakt im Brustbereich, Wange an Wange. Wenn Sie ausgefeilte Figuren tanzen, werden Sie als Anfänger betrachtet und/oder als „Ausländer" identifiziert, und niemand wird sich für Sie weiter interessieren.
Vermeiden Sie auch schnelle Bewegungen, starten Sie ruhig.
„Einen guten Tänzer erkennt man am Gehen, nicht an seiner Akrobatik" – Zitat Pablo Verón.3

- Gegen Ende der Milonga, wenn nicht mehr viele Tänzer auf der Tanzfläche sind, können Sie dynamischer werden. Aber Achtung: als Führender ist es Ihre Aufgabe, den Folgenden ein angenehmes Tanzvergnügen zu bereiten, machen Sie keine Show. Komplizierte Figuren also höchstens am Ende einer Milonga tanzen und nur dann, wenn der Folgenden das offensichtlich Spaß bereitet.
Kein Reden während des Tanzens, kein Singen und auch kein Kaugummi kauen. Sie konzentrieren sich auf Ihren Partner und die Musik.

- Zwischen den Tangos einer Tanda wird eine kleine Pause eingehalten. Auch wenn die Musik schon wieder spielt, wird nicht gleich getanzt. Das ist die Zeit für „chamuya", eine belanglose Plauderei von

---

3 Original: Un buen bailarín se reconoce por su caminado, no por sus acrobacias

37

bis zu 30 Sekunden. In den meisten Fällen wird dann nach der Nationalität gefragt, und des Öfteren auch, ob man Spanisch könne, auch nachdem man sich schon die längste Zeit in dieser Sprache unterhalten hat. Niemand tanzt sofort mit Musikbeginn. Uns Europäern erscheint das seltsam, aber das muss man aus der Geschichte verstehen: diese kurze Zeitspanne war die einzige Gelegenheit, wo Mann und Frau miteinander reden durften, um vielleicht ein Rendezvous zu vereinbaren. Nach der Tanda ging jeder zu seinem Platz an gegenüberliegenden Seiten des Saales zurück, oft wartete dort schon die Mutter auf ihre Tochter.

- Beachten Sie die „drei Tandas-Regel": wenn Sie mehr als zwei Tandas mit derselben Person tanzen, ist Ihr Interesse höchstwahrscheinlich nicht auf den Tango beschränkt. Erzeugen Sie keine falschen Erwartungen.

Leader – Follower, bzw. Proposer und Interpreter

Auch in Buenos Aires setzt sich langsam, aber sicher das Tanzen mit vertauschten Rollen durch.

Was vor zehn Jahren von Traditionalisten noch sehr ablehnend betrachtet wurde, kam in den letzten Jahren immer mehr in Mode. Auch Queer-Festivals gibt es mittlerweile.

Für gute Lehrer ist es eine Selbstverständlichkeit, die Rolle des jeweils anderen zu können – darauf sollte man übrigens auch bei der Auswahl der Maestros achten!

Tipps, um mehr Tandas zu erlangen

Wie komme ich zu Tandas?

Grundregel: Wenn Sie tanzen wollen, müssen Sie gesehen werden! Suchen Sie den Blickkontakt.

Die Aufforderung zum Tanzen erfolgt prinzipiell über Mirada (Blickkontakt) und Cabeceo (kurzes Nicken als Zeichen des Einverständnisses), verbales Auffordern ist tabu, wie bei den Códigos beschrieben.

Erfahrene Buenos Aires Tänzer fordern Damen nur auf, wenn klar ist, dass sie Tango tanzen können. Für Führende gilt das Gleiche: niemand will mit einem Führenden tanzen, der die Códigos nicht kennt, siehe oben.

Am Anfang einer Milonga werden immer die Bekannten „abgetanzt". Sind Sie neu, dann müssen Sie warten, bis Sie vielleicht an der Reihe sind. Das dauert unserer Erfahrung nach gern zwei bis drei Stunden. Daher sollten Sie Ihre Milonga Planung danach richten: Am Anfang genießen Sie die Atmosphäre, die Musik und lernen Ihre Nachbarschaft kennen. Als Ausländer werden Sie leicht mit Porteños ins Gespräch kommen, man plaudert gerne mit Ihnen (Achtung, das heißt nicht tanzen).

Hier ein paar Tipps, um mehr Tandas zu bekommen.

Nützen Sie den Raum

Jeder Gast hat in der Milonga einen zugewiesenen Sitzplatz. Daher versucht man zuerst, die Damen und Herrn in der Nachbarschaft aufzufordern.

In Buenos Aires kann es durchaus schwierig sein, dass Ihre Blicke erwidert werden. Lassen Sie sich Zeit. Bleiben Sie optimistisch.

Wenn Sie Ihr Umfeld abgesucht bzw. abgetanzt haben und meinen, das Potenzial in Ihrer Nähe wäre bereits erschöpft, dann können Sie Ihren Aktionsradius erweitern.

Nur für Männer – sie können herumgehen, um Blicke zu erhaschen. Sie stehen also auf und gehen langsam an die Bar, zur Toilette oder zu einem Tisch, wo Sie Bekannte wahrgenommen haben. Auf dem Weg sehen Sie sich um, ob eine Dame Ihre Einladung annehmen würde. Auch hier: lassen Sie sich Zeit, strahlen Sie Ruhe und innere Zuversicht aus. Auch ein Lächeln hilft.

Ein Herumstehen an der Bar oder am Gang ist in den Milongas in Buenos Aires nicht üblich.

Die Frauen können nur von ihren Plätzen aus ihre Blicke schweifen lassen. Suchen Sie den Blickkontakt. Versuchen Sie, positiv zu wirken und strahlen Sie Interesse und Freundlichkeit aus, auch wenn Sie nicht gleich Erfolg haben.

Marabú – Auftritt der Show Tänzer.
In Buenos Aires meistens sehr gut.
Die Reihenfolge des Auftritts ist ein Hinweis auf die Exzellenz der Tänzer: das erste Paar ist oft älter und der Auftritt ist der Wertschätzung der Seniorität geschuldet.

Meistens werden die Milongas in der letzten Stunde deutlich sozialer und Sie werden dann auch mehr Tandas haben.

Sie werden in Buenos Aires Geduld lernen müssen. Wir hatten oft ein, zwei Stunden keine Tandas, erst gegen Ende der Milonga änderte sich das.

Was Ihre Chancen sehr erhöht, ist, wenn Sie in einer Gruppe kommen. Das schlagen wir Ihnen als das effektivste Mittel vor, in Buenos Aires auf den Milongas einen guten Start zu haben. Schließen Sie sich mit anderen Touristen zusammen und reservieren Sie einen Tisch gemeinsam. Dann tanzen Sie bereits in der Gruppe und die anderen Gäste sehen Sie. Im Kapitel „Internationale Tango Gruppen für BA-Touristen" finden Sie Links für Gruppen, an die Sie sich wenden können.

Das Wichtigste am Gesehen werden auf der Milonga ist, dass Sie keinen Schnitzer machen! Weiter oben haben wir in den Códigos beschrieben, was Sie als Neuling in einer argentinischen Milonga auf keinen Fall tun sollen – Zusammenstoßen oder Salon-Figuren tanzen. Die komplizierten Figuren heben Sie sich für den Schluss der Milonga auf, wenn die

Tanzfläche fast leer ist und Sie und Ihr Partner eine gute Verbindung haben.

Denken Sie stets daran:

„Ein guter Tangotänzer ist jemand, der Rhythmus hat und ein gutes musikalisches Gehör besitzt. Er hat auch Respekt vor der Frau; er weiß, was er zur richtigen Zeit mit der richtigen Partnerin tun muss. Er passt sich der Frau an. Er gibt ihr das Gefühl, dass sie die beste Tänzerin ist. Er tanzt für sie" – Zitat Pablo Verón.

Bedenken Sie, dass viele Milonga-Tänzer in Buenos Aires kaum Kurse besucht haben, geschweige denn Einzelstunden. Aber sie tanzen seit Jahrzehnten und sie tanzen sehr musikalisch. Argentinier verstehen und lieben den Tango und drücken beim Tanzen ihre Emotionen aus. Figuren und Technik sind da oft nebensächlich.

Werbung für die Freiluft Milonga Los Sensibleros

Wenn Sie mit den Einheimischen tanzen wollen, sollten Sie entspannt sein und die Verbindung suchen. Mit der Zeit werden Sie in die Milonga integriert werden.

Eine andere gute Möglichkeit, sich zu integrieren, besteht darin, dass Sie im Gruppenkurs vor der Milonga mitmachen. Sie lernen andere Teilnehmer kennen, mit denen Sie dann in der Milonga tanzen können.

Denken Sie immer daran, dass es lange dauert, um in den Milongas in Buenos Aires Fuß zu fassen.

Wählen Sie Ihre Milongas

Nachdem Sie mehrere Milongas besucht haben, haben Sie schon verschiedene Erfahrungen gemacht. Wie sind diese Milongas für Sie gewesen? Hat das Publikum gepasst? Konnten Sie mit den Einheimischen tanzen oder nur mit anderen Touristen?

Falls Sie anfangs nicht viel zum Tanzen kommen, muss das nicht Ihr Fehler sein: vielleicht haben Sie die falschen Milongas besucht? In „Muy Lunes" werden Sie als Über-Vierzig-Jährige(r) kaum Tandas ergattern, in „Gente Amiga" sowieso nicht (auch wenn Sie jung sind).

Wenn Sie in der Milonga merken, dass da nichts läuft oder die Stimmung Ihnen nicht zusagt, dann wechseln Sie einfach die Milonga. Wir haben das mehrfach gemacht und das Ergebnis war meistens erfreulich.

Tauschen Sie sich mit anderen Touristen aus. Sie erfahren schnell, welche Milongas am

El Beso

„Touristen-freundlichsten" sind, oder am Interessantesten: 2023 fanden wir eine kleine Milonga, die von vielen jüngeren, talentierten Argentiniern besucht wurde. Die Stimmung war großartig, die Musik hervorragend, die Shows wirklich einzigartig, wir haben uns sehr amüsiert. Leider hatten wir kaum Tandas mit den Einheimischen, die Milonga hat uns trotzdem sehr gut gefallen.

Leider gab es diese Milonga nicht lange, 2024 war sie wieder verschwunden.

Sie bekommen bald mit, welche Milongas Ihnen gefallen und wo Sie herzlich aufgenommen werden.

Bleiben Sie dort! Gehen Sie jede Woche wieder hin. Auch wenn nicht jede Woche ein neuer Höhepunkt wird, werden Sie feststellen, dass Sie immer mehr von den Porteños integriert werden.

Das „Reintanzen" in Milongas funktioniert in Buenos Aires, wir erlebten das selbst. Aber es braucht viel Zeit, drei Wochen im Jahr sind zu wenig.

Tanzen Sie wie ein Porteño

Sie werden auch feststellen, dass die Einheimischen anders tanzen als wir in Europa. In Buenos Aires fühlt es sich anders an, irgendwie besser, aber woran liegt das?

Argentinier legen viel Wert auf die Musikalität. Sie spüren die Musik und lassen sich von Ihr leiten. Perfektion spielt keine Rolle. Warum auch? Jeder Porteño ist überzeugt, dass er persönlich der Tango ist, er kann keinen Fehler machen, was er tanzt ist per se der wahre Tango. Aus diesem Selbstbewusstsein heraus tanzt er/sie mit einer Gelassenheit und Grandezza, die wir nur bewundern können.

Dazu kommt die Priorität der Musik, der Pausen und das Gefühl, sich im Fluss zu bewegen. Porteños tanzen viel ruhiger und langsamer, oft verlassen Sie den Takt (das Metrum) und tanzen nach der Melodie. Es geht nicht um richtig oder falsch, es geht um das Gefühl.

Und das Gefühl haben die Argentinier, auch wenn nur wenige Tango tanzen, die Tango Musik ist allgegenwärtig und wird auch im Radio gerne gehört.

Verstehen Sie uns bitte nicht falsch, Verbindung, Musikalität und Technik sind die drei Pfeiler des Tangos. Für Argentinier ist jedoch die Perfektion nicht so wichtig wie das intuitive Verständnis der Musik.

Damit Tango ein Spiel eines Paares wird, ist das Fallenlassen in die Musik das Band, das beide verbindet. Technik und Verbindung sind die Basis.

Wenn Sie das erleben, dann wissen Sie, warum Buenos Aires süchtig macht.

Alter für Milongabesuch

Grundsätzlich gibt es keine Altersgrenze, im Gegenteil, in Buenos Aires gibt es viele gute Tänzer in sehr fortgeschrittenem Alter, man könnte sogar sagen, dass der Tango besonders jung erhält!

Es gibt Milongas für jedes Alter, jedoch sollte man nicht unbedingt sein Glück In einer Umgebung suchen, die nicht passt, also als Tanguero/a in reiferem Alter in einer Milonga der Jungen und umgekehrt: junge Leute werden sich z.B. nicht sehr wohl fühlen in Lo de Celia.

Eine Ausnahme bilden die Freiluftmilongas, da hier alle zusammenkommen, die unter freiem Himmel tanzen möchten, und somit ein gewisser Filter wegfällt.

Glorieta - Freiluft Milonga

Hoy Milonga gibt schon etwas Aufschluss über den Charakter der jeweiligen Milonga. Besser aber ist die Empfehlung von Leuten, die über einen längeren Zeitraum in Buenos Aires sind, oder auch der jeweiligen Lehrer.

Unsere Lieblings Milonga? Am Sonntagabend Sueño Porteño, die von Julia Doynel geleitet wird.

Lehrer

Es gibt ein großes Angebot an Lehrenden in Buenos Aires, deren Qualität und Qualifikation sehr differieren. Daher ist es wichtig, sich vorab gut zu informieren und Privatstunden möglichst im Voraus zu vereinbaren, um unnötige Zeitvergeudung zu vermeiden. Vor allem, wenn man nur wenige Wochen in Buenos Aires verbringen kann. Da die Anreise aus Europa doch mit einem beträchtlichen zeitlichen und finanziellen Aufwand verbunden ist, wäre es schade, wenn Sie dann nicht auf Ihre Rechnung kommen.

Preislich rangieren die Einzelstunden – bei ernst zu nehmenden Lehrern – zwischen 60 bis 100 Euro bzw. US-Dollar, je nach Prominenz und Exzellenz. Sowohl für Lehrerpaare, als auch für einzelne Maestros, das gleiche gilt auch für die Klienten, d.h. es macht preislich keinen Unterschied, ob man/frau alleine oder als Paar eine Privatstunde nimmt. Dazu kommt meist noch die Miete für das Studio (bei manchen ist diese schon im Honorar enthalten), da die wenigsten ein eigenes Studio besitzen. Die meisten Lehrer gewähren einen Nachlass, wenn man mindestens fünf Stunden bucht.

Diese Preise beziehen sich auf den Stand vom Jänner dieses Jahres (2025), sind aber die letzten Jahre ziemlich konstant geblieben. Bezahlt wird in Euros oder US-Dollars, aufgrund der galoppierenden Inflation und der unsicheren politischen und wirtschaftlichen Situation sind alle Lehrenden an stabiler Fremdwährung interessiert. Daher sollten Sie ausreichend Bargeld mitnehmen, wobei es unerheblich ist, ob Dollar oder Euros, Devisen werden immer gerne genommen. Als Europäer spart man sich dann einmal Wechseln.

Natürlich gibt es unzählige Tangolehrer in Buenos Aires, die „es auch billiger geben", wir beziehen uns auf diejenigen mit bewährter pädagogischer Kompetenz und internationalem Ansehen, von denen wir unendlich profitiert haben.

Trotzdem sollte man sich nicht nur von „großen Namen" blenden lassen. Große Solisten und ehemalige Weltmeister sind nicht unbedingt immer gute Pädagogen. Auch diese Erfahrung haben wir gemacht – und teuer bezahlt!

Wie finde ich die passenden Lehrer für mich?

Im Vorfeld, vor Antritt der Reise:

Erkundigen Sie sich bei den Lehrern Ihres Heimatortes. Im Idealfall sind das selbst Argentinier oder Personen, die längere Zeit in Argentinien gelebt und dort ihre Ausbildung gemacht haben. Diese können Ihnen Ihre Erfahrungen mitteilen und Lehrer empfehlen, die sie selbst schätzen, gegebenenfalls auch den Kontakt herstellen.

Fragen Sie Tangueros aus Ihrem Umfeld, die vor kurzem in Buenos Aires waren. Sie können Ihnen sagen, wer gerade in BA anwesend ist, wen sie empfehlen würden, mit

Milonga im Club Gricel

welchen Kosten man für eine Privatstunde rechnen muss, etc.

Nützen Sie die Gelegenheit von Workshops und Seminaren mit argentinischen Meistern, die in Ihrem Heimatort angeboten werden. Wenn möglich, nehmen Sie gleich ein paar Privatstunden, um zu sehen, ob sie Ihnen zusagen. So können Sie auch gleich persönlich mit ihnen reden, um zu erfahren, ob und wann sie in Buenos Aires sind und Zeit für Stunden hätten.

Auch internationale Festivals sind eine gute Gelegenheit, ausgezeichnete Paare sowohl bei ihren Auftritten, als auch als Lehrer in den Workshops kennenzulernen und direkt mit ihnen in Kontakt zu treten. Wenn Sie sich dann bei ihnen melden, sind Sie kein „unbeschriebenes Blatt" mehr und haben einen ganz anderen Start. Das ist besonders zu beachten bei sehr gefragten Lehrern, die einen vollen Terminkalender und Stundenplan haben, und bei denen es nicht leicht ist, Stunden zu bekommen.

In Buenos Aires

Wenn Sie noch keine feste Vorstellung haben, bei wem Sie lernen wollen, sollten Sie Gruppenstunden (clases grupales) besuchen, z.B. in der „Escuela de Tango de Buenos Aires" oder der „Esquina Cultural El Zorzal", oder auch „La Mariposita" in San Telmo, um die verschiedenen Lehrer kennenzulernen.

Bei fast allen Milongas wird vor Beginn eine Gruppenstunde angeboten. Diese Stunden sind ebenfalls sehr zu empfehlen, da man nicht nur die Lehrer und ihre Methode kennenlernt, sondern auch Kontakt mit den anderen Teilnehmern schließt und so zumindest gleich ein, zwei TanzpartnerInnen für die folgende Milonga findet.

Auch die Milongas selbst bieten eine Auswahl an interessanten Tanzpaaren, die man bezüglich Privatstunden ansprechen kann. Meist gibt es eine „Mitternachtseinlage" – zu vorgerückter Stunde, weit nach Mitternacht – in Form einer Show von einem oder zwei Paaren, die hervorragend sind, seien es nun prominente und international berühmte Paare, seien es junge Nachwuchskünstler, denen dort eine Bühne geboten wird. Sie sind allesamt atemberaubend. Aber Achtung, in besonders touristischen Milongas wird die Auswahl der Showgäste aufgrund anderer Kriterien getroffen: weil sie gerade zu Besuch in Buenos Aires sind, befreundet mit den Betreibern, die ihnen einen Gefallen erweisen möchten, oder gegen ein Entgelt für die Auftrittsmöglichkeit. Bei diesen Auftritten steht nicht unbedingt die Qualität im Vordergrund.

Wir haben aber auch schon während der Milonga Personen entdeckt, die uns durch ihren besonderen Ausdruck, Tanzstil, etc. aufgefallen sind, und die wir einfach gefragt haben, ob wir bei ihnen Privatstunden nehmen könnten. Auf diese Weise haben wir ausgezeichnete Lehrer gefunden, die wir seither nun schon mehrere Jahre frequentieren.

Übungsstudios

Es gibt in BA eine Unzahl von Tanzstudios, die sowohl von den Lehrern für ihre Privatstunden, aber auch natürlich von Ihnen zum Üben gemietet werden können.

Auch einige exklusive Geschäfte für Tangomode und -schuhe stellen einen Tanzraum zur Verfügung. Diese sind dann sehr gepflegt und in gutem Zustand, was man von vielen Studios – und ihren Toiletten! – nicht sagen kann.

Die Preise sind leistbar und bewegen sich um die 6000 bis 7000 Pesos pro Stunde (ca. 5 bis 6 Euro, Stand Jänner 2025).

Unser Tipp: unbedingt das Gelernte sofort üben, üben, üben! Die vielen Informationen müssen gefestigt und verarbeitet werden, um sie zu behalten. Und nehmen Sie nicht zu viele Stunden auf einmal. Wir sind immer wieder der Versuchung erlegen, die kostbare Zeit des Aufenthaltes in der „Wiege des Tangos" optimal zu nützen und haben unseren Stundenplan so vollgepackt, dass es letztendlich kontraproduktiv war, da wir die Fülle an Material nicht mehr wirklich verarbeiten konnten.

Sie sollten sich mit einer Stunde pro Lehrer und Tag begnügen, und das nur jeden zweiten Tag, um am freien Tag das gelernte zu wiederholen und zu üben. Wir haben die Erfahrung gemacht, dass weniger manchmal mehr ist.

Taxi Tänzer

Taxitänzer gab es im Tango schon vor 100 Jahren in Buenos Aires.

Das sind meistens professionelle Tänzer, die für ein gewisses Entgelt für Stunden oder einen vorher definierten ganzen Abend gemietet werden können. Sie stehen dann ausschließlich der „Mieterin" zur Verfügung und tanzen nur mit dieser, es sei denn, dass sich eine ganze Runde von Tangueras zusammenschließt und die Taxitänzer untereinander austauscht.

Es gibt aber auch Taxitänzer, die von den Veranstaltern engagiert werden, um dafür zu sorgen, dass alle anwesenden Damen zum Tanzen kommen.

Woran erkenne ich Taxi Tänzer? Sie sind korrekt und elegant gekleidet, meistens eher jung, sehr zuvorkommend und galant – und angenehm unverbindlich.

Kann ich Taxi Tänzer auf einer Milonga einfach so ansprechen? Wenn sie vom Veranstalter organisiert wurden, ja, das ist absolut in Ordnung. Privat arbeitende Taxi-Tänzer sind natürlich tabu.

Eine gute Möglichkeit, Taxitänzer kennenzulernen – und auch gleich ihre tänzerischen Fähigkeiten zu testen – sind die VIP-Prácticas (nur für

Frauen) von María (siehe Tangokalender Hoy Milonga) Hier kann frau im geschützten Rahmen mit guten Tänzern tanzen und den Tänzer ihrer Wahl finden. Da alle „Taxis" mit allen anwesenden Frauen tanzen, bekommt frau einen ersten Eindruck, wer wie tanzt und mit wem sie gut harmoniert. Diese Prácticas sind somit eine gute Börse, um mit Taxitänzern in Kontakt zu kommen.

Wichtig ist auch, sich mit den anderen Frauen über die gängigen Tarife auszutauschen. Die Preise differieren enorm und es empfiehlt sich, eine Pauschale auszuhandeln.

Gruppenunterricht vor der Milonga

Diese VIP-Prácticas gibt es übrigens zu den gleichen Bedingungen auch für Männer, allerdings ist der Bedarf an Taxitänzerinnen nicht so hoch. Die jungen Tänzerinnen sind meist sehr hübsch und kultiviert.

Das Phänomen der Taxitänzer ist zweischneidig. Sicher ist es hilfreich, wenn man die ersten Milonga Besuche in Begleitung mit Tanzgarantie probieren kann. Man wird gesehen, und zwar vorteilhaft, da ein guter Partner immer auch das eigene Können aufwertet, und erspart sich mühevolle schlechte Tandas mit Unbekannten. Das gibt Erfahrung und Sicherheit. Sollte es aber zur Gewohnheit werden, nur mit Taxitänzern auf eine Milonga zu gehen, entgeht frau doch das echte Erlebnis einer Milonga mit all ihrem emotionellen „Auf und Ab", und die authentische Erfahrung, wie es auf einer Milonga zugeht. Diese Erfahrung sollte man nicht missen, auch wenn der Weg dorthin etwas steiniger ist.

Milongas, die fast ausschließlich von Damen mit ihren Taxitänzern frequentiert werden, verkommen zu quasi Privatveranstaltungen, die mit einer echten Milonga nichts mehr zu tun haben.

Das Gleiche gilt auch für Milongas, deren Betreiber es zu gut mit ihren weiblichen Gästen meinen und mehr Taxitänzer anstellen, als der Milonga guttut. Dann sind nämlich die anderen Herren im Nachteil, da die Damen natürlich den meist jüngeren Profis den Vorzug geben.

Es ist aber auch für Veranstalter mit den besten Absichten nicht immer leicht, ein ausgewogenes Verhältnis herzustellen.

In letzter Zeit, wohl auch bedingt durch die wirtschaftliche Situation, hat das Taxitänzer Geschäft immer mehr um sich gegriffen und gibt ein etwas verzerrtes Bild vom wahren Charakter einer Milonga. Leider gibt es einige Milongas, die man ohne Taxitänzer – oder fixem Partner – nicht mehr besuchen kann, wenn frau dort tanzen möchte.

Shows, Theater und Konzerte

An dieser Stelle sei angemerkt, dass wir die diversen Tango-Shows (meist als Gesamtpaket mit Dinner und sogar Abholung vom Hotel) bisher nicht besucht haben. Sie sind ziemlich teuer, sehr touristisch und zeigen nicht das Buenos Aires der Milongas und Porteños, das wir suchten. Daher können wir nicht viel darüber sagen.

Für diejenigen unter Ihnen, die so eine Show besuchen möchten, können wir dennoch eine Empfehlung abgeben. Es gibt sehr gute Truppen, die von berühmten und hoch professionellen Tänzern geleitet werden, wie z.B. „Mansiontango" in der Nähe des Obelisken. Oder die Shows der Kompanie von Johana Copes, der Tochter des legendären Juan Carlos Copes.

Von den Angeboten, die einem auf der Fußgängerzone der Calle Florida aufgedrängt werden, raten wir ab. Das sind reine Touristenfallen schlechter Qualität mit Massenabfertigung!

Für Liebhaber klassischer Musik empfehlen wir wärmstens das Teatro Colón, das Konzert- und Opernhaus von Buenos Aires. Hier treten regelmäßig Martha Argerich und Daniel Barenboim auf, die wohl berühmtesten Musikern Argentiniens, aber auch renommierte Orchester wie die Camerata Bariloche und alle internationalen Orchester und Solisten. Es verfügt über eines der größten und bedeutendsten Corps de Ballet, einen eigenen Chor und Kinderchor, sowie ein großes Sänger- und Statistenensemble, und soll die beste Akustik der Welt haben. Sollten Sie keine Karten für das Konzert/die Oper Ihrer Wahl bekommen können, empfiehlt sich auf jeden Fall eine Führung durch dieses wunderbare Opernhaus, wo man auch Einblicke in die Werkstätten hinter der Bühne bekommt.

Eine Besonderheit sind die untersten Logen, auf Höhe des Orchestergrabens, die vergittert sind um die Besucher vor neugierigen Blicken zu schützen. Ursprünglich gedacht für die „viudas", die Witwen, die nicht in der Oper gesehen werden wollten, während sie offiziell in Trauer waren. Der Führer erzählte aber, dass diese schwarz vergitterten Logen auch anderen Besuchern willkommen waren, um dort ihr Stelldichein zu genießen. So eine Oper kann ja durchaus lange dauern…. – Heute dienen sie als Noten- und Instrumentendepots.

Sehenswertes in Buenos Aires – eine Auswahl

Diese Auswahl ist subjektiv und sehr persönlich. Eine genaue Auflistung aller Sehenswürdigkeiten von Buenos Aires findet man in jedem Reiseführer. Dennoch wollen wir ein paar Orte erwähnen, die uns charakteristisch für Buenos Aires scheinen und das Flair dieser Stadt ausmachen.

Calle Florida: Fußgängerzone zwischen Avenida de Mayo und Plaza San Martín. Belebte Flaniermeile, ein Geschäft neben dem anderen, auf Schritt und Tritt wird man von Geldwechslern angesprochen „cambio, cambio". Man kann dort in den dubiosen „Büros" in irgendwelchen Stockwerken, in die man geführt wird, Geld wechseln. Offenbar sind diese „Schwarzwechsler" relativ sicher, da sie sich nicht ihr eigenes Geschäft ruinieren wollen. Wir haben uns aber nie sehr wohl gefühlt in dieser Hinterhofatmosphäre und auch schon den Deal abgebrochen, wenn es Komplikationen gab. Besser, sicher und „offizieller" wechseln kann man im „Rimini" (siehe Geld) oder anderen Wechselstuben.

Plaza de Mayo und Casa Rosada, der argentinische Regierungspalast. Die rosa Farbe geht zurück auf den Präsidenten Domingo F. Sarmiento, der die Farben der verfeindeten Unitarier (weiß) und Föderalisten (rot) 1873 symbolisch mischen ließ, um so die Einheit der Nation zu symbolisieren[4].

Auf der Plaza de Mayo finden immer noch die donnerstäglichen Treffen der Madres – jetzt eher nur mehr Abuelas – de la Plaza de Mayo (Mütter bzw. jetzt Großmütter der Plaza de Mayo) statt, die um 15:30 gegen die Verbrechen der Militärdiktatur demonstrieren.

Die riesige mehrspurige Avenida 9 de Julio mit dem Obelisken, und den Kongresspalast an der Plaza de los Dos Congresos müssen nicht extra erwähnt werden.

Wer eine Affinität zu Friedhöfen hat, sollte La Chacarita (Grabmonument von Carlos Gardel) und La Recoleta (Grabstätte von Evita Perón) aufsuchen. Besonders letztere ist eine sehr gepflegte Totenstadt mit Gassen und liebevoll eingerichteten Grabhäuschen, sowie das gleichnamige Viertel eines der elegantesten von Buenos Aires ist.

---

[4] Polyglott on tour, Ute Wendel, Argentinien, 2013 Travel House Media GmbH, München

Unser Lieblingsviertel Palermo wurde bereits erwähnt. Hier gibt es viele Studenten- und Frühstückslokale, Cafés, Bars und Restaurants, eine richtige „Beisl-Gegend", wie wir in Wien sagen.

San Telmo (siehe Cafés) und La Boca, die traditionsreichsten Stadtviertel von Buenos Aires.

San Telmo atmet den Tango, und La Boca, das einstige Einwandererviertel, ist berühmt für El Caminito mit seinen bunten Wellblechhäusern. Die Häuser wurden aus allem verfügbaren Material konstruiert, meist auch aus abgewrackten Schiffsteilen zusammengebastelt, und auf Anregung eines Malers mit Farbresten uns Schiffslack bemalt.

In La Boca befindet sich auch „La Bonbonera" (Die Pralinenschachtel), so genannt wegen ihrer rechteckigen Form, offiziell das Stadion Alberto José Armando, Heimstätte der berühmten Boca Juniors, bei denen Diego Maradona seine Karriere startete.

Aber Vorsicht, La Boca sollte man nur tagsüber besuchen und nicht von den Touristenpfaden abweichen. (Siehe Sicherheit) Selbstverständlich keine Wertsachen und teure Kameras mit sich führen. Wir wurden auch tagsüber im Bus von Mitfahrenden gewarnt und der Busfahrer wollte uns gar nicht aussteigen lassen, bevor wir nicht bei der Usina del Arte (einem Kultuzentrum, in dem unter anderem die ersten Durchgänge der Mundiales abgehalten werden) angekommen waren.

Wer auf Nummer sicher gehen will, sollte sich einer geführten Tour anschließen.

Als Kontrast zu La Boca sei noch Puerto Madero erwähnt. Ein gentrifiziertes Luxusviertel mit restaurierten Backsteingebäuden und modernen Wolkenkratzern, schicken Restaurants und Luxusapartments. Sehenswert die Brücke „Puente de la Mujer" von Santiago Calatrava.

Dort befindet sich auch ein Naturschutzgebiet (La Reserva Ecológica de Buenos Aires), das mit seinen Wegen rund um mehrere Seen, und zahlreichen Wildtieren ein Naherholungsgebiet darstellt.

Essen

Verhungern werden Sie in Buenos Aires nicht!

Es gibt überall Restaurants und Empanada Stände, Pizzerias, sowie viel Fast- und Finger Food.

Frühstück, Brunch

Als leidenschaftliche Tangueros schätzen wir es sehr, auch noch am späten Vormittag bzw. zu Mittag ein gutes Frühstück zu bekommen. Es gibt viele nette Lokale, die köstliche Frühstücksgerichte anbieten. Besonders beliebt ist das Avocado Brot in verschiedenen Varianten, mit Spiegelei, Lachs, karamellisierten Erdnüssen, etc.

Hier einige Lokale, die wir gerne empfehlen können.

„Le Pain Cotidien", das außer Frühstück und Brot- und Backwaren auch andere Gerichte anbietet, die alle frisch, gesund und köstlich sind, so wie das wunderbare

„Rita Speciality Coffee", besonders bekannt für seine Avocado Brote und guten Mehlspeisen.

Das sind zwei Ketten, die auch für ausgezeichneten Kaffee und frisch gepressten Orangensaft bürgen.

Brunchen - weil wir spät aufstehen

Ein sehr nettes Lokal in Palermo ist auch das „Von Berry", das neben tollen Frühstückskombinationen junge, legere Mode des gleichnamigen Labels anbietet. Hier kann man also den ganzen Tag frühstücken, brunchen, fröhliche Freizeitmode probieren, oder einfach nur bei einem Kaffee stundenlang im Internet surfen.

Mittag und Abend

„El Preferido“ wurde uns schon vor unserer allerersten Argentinienreise 2014 von einem Argentinier empfohlen und seither frequentieren wir es. War die Küche früher traditionell und sehr üppig, geht auch „El Preferido“ nun mit der Zeit, die Portionen sind kleiner geworden, die Küche leichter und bekömmlicher, und es gibt auch eine Auswahl an vegetarischen Gerichten.

Telefonisch reservieren kann man nicht, man muss persönlich hinkommen und sich anstellen, oder in eine Liste eintragen lassen. Die ungefähre Wartezeit wird einem mitgeteilt, sodass man auch wieder gehen kann – oder, wenn man Platz findet, auf einem der Sitze am Gehsteig einen Aperitif nehmen. Wenn man Glück hat, wird schon früher ein Tisch frei und man kann sich in den Schanigarten oder das Lokal setzen.

Zu Mittag ist es einfacher, mit etwas Glück bekommt man gleich einen Platz.

Literarisch interessierte und Borges-Liebhaber sollten das „Preferido“ auf jeden Fall aufsuchen: die Fassade ist rosa, es steht an der Kreuzung der Calle Jorge Luis Borges und Calle Guatemala, und es soll Borges zu seiner Erzählung „Hombre de la esquina rosada“ inspiriert haben. Aus Respekt vor dem großen Schriftsteller und Dichter Buenos Aires´ wurde die rosa Fassade auch bei der Restaurierung des Lokals beibehalten.

Rosado (rosarot) ist auch die vorherrschende Farbe eines Grillrestaurants in Palermo, mit lauschigem Innenhof und ausgezeichnetem Fleisch, „La Escondida“, wo aber auch Vegetarier auf ihre Rechnung kommen.

Sehr gut und originell ist auch „Las Pizarras“ (Die Tafeln) und der Name ist Programm: Es gibt keine gedruckte Speisekarte, sondern diese steht auf großen schwarzen Tafeln an der Wand, da sie täglich wechselt. So kann man an den Wänden des Lokals die Speise- und Weintafeln studieren, wobei das sehr aufmerksame Personal gerne behilflich ist. Selbstverständlich spricht man dort auch Englisch, wie in all den von uns empfohlenen Lokalen.

Das „Borges" in der gleichnamigen Straße wurde schon erwähnt (siehe Für Bücherfreunde): ein stilvolles Restaurant mit Bar in einem Buchgeschäft, mit Patio und Schanigarten, guten Drinks, köstlichem Essen und kulturellem Programm (Jazzkonzerte), und natürlich der Möglichkeit, in aller Ruhe zu schmökern.

Unbedingt einmal sollte man auch in „Los Jardines De Las Barquin" essen. Das Restaurant befindet sich in einem „Glashaus" inmitten einer Grün Oase, die man in dieser Betonwüste nicht vermuten würde. Man betritt den erholsamen Garten durch ein Haus,

Bücher lesen und essen, Jazz hören - Borges

das im spanischen Barock- bzw. Kolonialstil erbaut wurde, und das auch ein Museum mit Sammlungen aus der Kolonialzeit beherbergt (Museo Isaac Fernández Blanco). Der parkähnliche Garten mit verschiedenen Terrassen lädt zum Verweilen ein, man fühlt sich in ein kleines Paradies versetzt, mit viel Grün und Vogelgezwitscher.

Im stylischen „Glashaus" isst man hervorragend, eher Nouvelle Cuisine mit argentinischem Einschlag, fantasievoll, bekömmlich und mit ausgewogenem vegetarischem Angebot.

Für Pizza-Liebhaber empfehlen wir das traditionsreiche „Güerrín" (1932 eröffnet) in der lebhaften Avenida Corrientes, sehr beliebt, daher trotz der großen Räumlichkeiten immer voll, zwanglose Atmosphäre. Reservierung ist nicht möglich, man muss Wartezeiten einplanen, um einen Platz zu bekommen, aber es lohnt sich.

Asado

Kein Aufenthalt in Buenos Aires ist vollkommen ohne an einem richtigen Asado teilgenommen zu haben. Leider für Vegetarier nicht geeignet, denn bei einem Asado werden hauptsächlich Fleisch und Würste gegrillt und zwar deftig.

Aber ein Asado ist mehr als ein Grillfest, es ist ein Ritual, das die Argentinier sehr ernst nehmen, und bei dem man gewisse Fauxpas vermeiden sollte – z.B. nach Grillsaucen, Ketchup etc. zu fragen!

Dabei kommt dem Asador, dem Grillmeister, eine besondere Bedeutung zu. Seine Autorität ist uneingeschränkt und darf von niemandem beeinträchtigt werden, d.h. er ist der absolute Meister über den Grill, der nur von ihm betreut wird. Das geht von der Auswahl des richtigen Brennstoffes (Holz oder Kohle) und des zu verzehrenden Grillgutes bis zum Grillen und Verteilen des Fleisches.

Asado

Als Auftakt gibt es Tapas, Snacks und Empanadas, die die Teilnehmer bzw. Gäste mitbringen, dann geht es zur Sache. Je nach Geschmack und Magen der Tischgenossen beginnt man mit „Choripanes" (Brote mit in Schmetterlingsform aufgeschnittenen Würstchen), dann folgen Innereien jeglicher Art (Kalbsnieren, Bries, Pansen…), dann Blutwurst, und dann das „richtige" Fleisch, von fettreichen Teilen bis zu saftigen Sirloin Steaks. Dazu gibt es „Morrón" (eingelegter roter Paprika), Salat und Brot. Das Ganze wird mit gutem Malbec Wein hinuntergespült, und Wasser gibt es auch – wenn jemand dessen bedarf und eines mitbringt.

Bei dem Asado, zu dem wir eingeladen waren, wurde mit Rücksicht auf unsere europäischen Gaumen auf Innereien, Blutwurst und fettes Fleisch verzichtet, stattdessen gab es „Bondiola" (ausgezeichnetes Schweinefleisch) und Rindersteaks.

Ein archaisches Mahl, „die Anrufung des inneren Gauchos", wie es Christian Thiele[5] genannt hat, das man nicht missen sollte, um Argentinien und die Argentinier besser kennenzulernen.

Cafés

Was wäre ein Aufenthalt in Buenos Aires ohne den Besuch der „Confitería Ideal"!

Berühmter Drehort für Filme wie Alan Parkers „Evita" und Carlos Sauras „Tango".

Wir haben sie noch zu einer Zeit kennengelernt, als unten in der Mitte eine Tanzfläche frei gelassen wurde, wo Nachmittags-Milongas stattfanden. Dann war die Confitería Ideal mehrere Jahre lang gesperrt und eine ewige Baustelle. Die Reno-

Confitería Ideal

vierung ließ auf sich warten, doch im Jänner 2024 war es so weit: die berühmte „Confitería Ideal" wurde wieder eröffnet, wir waren dabei! Sehr schön und elegant, es wurde nicht an Gold und Pracht gespart, vielleicht doch etwas zu herausgeputzt – es fehlt ein wenig die Patina.

Das obere Stockwerk, einst prominenter Ort für Milonga Veranstaltungen, wurde wieder dieser Bestimmung zugeführt, jedoch wurde in den Boden ein ovales Loch ausgeschnitten, um das man jetzt herumtanzen muss. Zwar können nun die Gäste der Confitería Ideal durch die Decke einen Blick auf die Milonga Besucher und Tanzpaare werfen, aber für die Tänzer ist diese besondere Raumaufteilung etwas eigenartig. Originell, aber nicht unbedingt praktisch.

Aber die Mehlspeisen, Süßigkeiten und Backwaren der Confitería sind wahrlich eine Sünde wert, und man kann dort auch ausgezeichnet essen.

---

[5] Christian Thiele, Gebrauchsanweisung für Argentinien, Piper 2010

Kleines Detail am Rande, da in Argentinien keine Selbstverständlichkeit: sehr luxuriöse, gepflegte und saubere Toiletten!

Das zweite Traditionscafé, bei dem man sich oft anstellen muss, um Einlass zu bekommen, ist das „Café Tortoni", ein traditionelles Tangocafé, wo auch viele Veranstaltungen (Tangoshows) stattfinden.

Weniger touristisch ist das ebenfalls in der Avenida de Mayo zu findende „London City", eine gute Mischung aus Café, Bar (bekannt für gute Cocktails) und Restaurant mit gediegenen Räumen und Schanigarten. Literarisch Interessierte begegnen hier vielen Aufnahmen von Julio Cortázar, der seinen Roman „Los Premios" („Die Gewinner") im London´s beginnen und enden lässt.

Das „Café de los Angelitos" bedient alle touristischen Klischees, die wir vermeiden wollen: Es gibt einen riesigen Speisesaal mit Bühne, wo teure Tangoshows und Abendessen geboten werden. Die Kellnerinnen tragen Kostüme des 19. Jahrhunderts.

Ein ebensolches Tangocafé ist das „Café Esquina Homero Manzi", ein 1927 erbautes traditionelles Café, Auftrittsort vieler berühmter Tangomusiker, das die urbane Kultur der 40er Jahre geprägt hat.

Sehr schön und nostalgisch ist die „Confitería Las Violetas", gegründet 1884, mit französischen Glasfenstern und italienischem Marmorboden, die man sich unbedingt anschauen sollte. Auch diese Confitería ist mehr als ein Café im herkömmlichen Sinn. Berühmt für seine Schokoladen- und Kuchenspezialitäten beherbergt es aber auch eine Bar und ein Restaurant, in dem man gepflegt speisen kann. 2017 wurde „Las Violetas" zum besten Café der Stadt gewählt.

Auch „La Ópera", obwohl „Confitería" (Konditorei) genannt und als Café bezeichnet, ist eigentlich ein Restaurant, in dem man nicht nur Kaffee trinken kann. Hier gibt es die wunderbaren Churros con Chocolate (Spritzgebäck, das in heiße Schokolade getaucht wird), und selbst Evita soll dort ihren Tee getrunken haben.

Einen Besuch des urigen Cafés „Bar Plaza Dorrego" im „Tangoviertel" San Telmo sollte man nicht missen! Hier haben nicht nur Jorge Luis Borges und Ernesto Sábato Kaffee getrunken, sondern auch Robert De Niro und Eric Clapton, um einige berühmte Gäste zu nennen. 1881 als erste Bar in Buenos Aires eröffnet, mit viel dunklem Holz, alten Deckenventilatoren, formell gekleideten Kellnern und alter Tangomusik. Originell die

zahlreichen Kratzer, Einritzungen und Schnitzereien, mit denen sich zahl-
reiche Gäste im Holz der Wände und Tische verewigt haben.

Die Plaza Dorrego selbst ist auf jeden Fall einen Besuch wert. Dort gibt
es sonntags einen Kunst- und Antiquitätenmarkt, eine Freiluftmilonga und
ständig spontane Tangovorführungen mit Livemusik.

Verkehrsmittel

Buenos Aires – offiziell *Ciudad Autónoma de Buenos Aires („CABA")* -
ist in 48 Stadtteile („Barrios") unterteilt. Die Vororte zählen nicht offiziell
zur Stadt, sondern zum Großraum Buenos Aires (etwa 13 Millionen Einwohner).

Die Stadt Buenos Aires verfügt über ein weit verzweigtes und gut aus-
gebautes Netz von öffentlichen Verkehrsmitteln. Das sind Autobusse
(„Colectivos") und Metro („SUBTE"). Die Züge verwenden Sie vor allem
für Fahrten über das eigentliche Stadtgebiet hinaus.

Mit Google Maps können Sie eine Route planen, auch öffentliche Ver-
bindungen und Fußwege werden dargestellt.

Beachten Sie dabei, dass Google Maps nicht immer aktuell bei geän-
derten Verkehrsverbindungen oder Ankunftszeiten ist. Es können z.B. Haltestellen nicht exakt angegeben sein, sondern 100-200 Meter weiter entfernt liegen.

Außerdem brauchen Sie einen mobilen Datenzugang zum Internet um
diese Routen zu erstellen (nur nicht bei Auto Routen), d.h. eine lokale
SIM-Card in Ihrem Mobiltelefon oder eine eSIM.

Alternative Handy Apps sind Cabify und Moovit. Leider wird man in den
Gratis-Versionen mit Werbung zugeschüttet, sodass ich bei Google Maps
geblieben bin.

Kauft man das Upgrade auf die vollen Versionen, so sind sie akkurater
als Maps.

Für die Benutzung der öffentlichen Verkehrsmittel benötigt man die SUBE Card. Sie kann an vielen Kiosken erworben werden bzw. auch in den Metro-Stationen.

Vor dem Gebrauch muss sie aufgeladen werden. Das geht problemlos in allen Metrostationen am Automaten oder Schalter, aber auch bei vielen Kiosken, die es an jeder Straßenecke gibt. Mittlerweile ist es auch möglich, die Metro mit der Kreditkarte zu benützen. Dafür gehen Sie zur Lesestation, die den geeigneten Leser enthält und erhalten Zugang zur U-Bahn. Bei Benutzung der Kreditkarte sollen die Fahrten auch billiger sein.

Warten auf den Bus (Colectivo)

Das Bezahlsystem mit Kreditkarte ist aber erst im Aufbau und nicht in jeder Station verfügbar. Für alle anderen öffentlichen Verkehrsmittel müssen Sie die SUBE Card verwenden. Die gilt übrigens überall in Argentinien!

Bei einem längeren Aufenthalt in Buenos Aires bzw. Argentinien ist es empfehlenswert, die SUBE Card registrieren zu lassen, da dann ein geringerer Betrag abgebucht wird, im Bus zahlt man sogar nur die Hälfte. Aber die Berichte über den tatsächlichen Preisnachlass differieren. Offenbar gibt es mehr Nachlass für Argentinier, als für Ausländer, was uns nur fair erscheint. Jedenfalls zahlt sich eine Registrierung bei einem längeren Aufenthalt durchaus aus, da vor allem die Metro-Preise ständig steigen, und man erspart sich das ständige Aufladen.

Die Karte kann man im Bahnhof Retiro registrieren lassen, im Büro ANSES am Ende der Bahnhofshalle. Der Bahnhof liegt bei der hübschen Plaza San Martín, von dort aus gehen auch die Züge nach dem Tigre Delta.

Wenn man sich den Weg dorthin sparen möchte, kann man seine SUBE-Card auch online registrieren lassen:

Die Metro fährt abends nur bis etwa 22:00 Uhr. Die Busse fahren die Nacht durch, allerdings mit stark verlängerten Intervallen. Daher würden wir Ihnen abraten, spät nachts mit dem Bus nach Hause zu fahren, weil es sehr lange dauern wird. Aber vor allem in den besseren Vierteln wie Palermo oder Recoleta wäre es kein großes Risiko.

Die Argentinier sind sehr diszipliniert, wenn es ums Anstellen geht: vor der Bushaltestelle bildet sich eine exakte, gerade Warteschlange und es wird erwartet, dass Sie sich hintenanstellen. Vordrängeln gibt es nicht, eine Wohltat im Vergleich zu Wiener Haltestellen.

Falls der Bus sich nähert und Sie stehen ganz vorne an der Bushaltestelle, vergessen Sie ja nicht, dem Fahrer mittels Handzeichen mitzuteilen, dass er stehen bleiben soll. Wir wussten das anfangs nicht und der Bus fuhr einfach weiter.

Für Ihre Milonga Besuche verwenden Sie am besten ein Taxi oder Uber. Teilweise kommt es auf die Tarifgestaltung an, meistens ist Uber billiger. Außerdem sind Sie durch die Uber Applikation registriert, Sie können nicht spurlos verschwinden. Viele Milonga Betreiber sind um Ihre Sicherheit bemüht und gerne bereit, ein Taxi für Sie zu bestellen.

Wir haben die Taxis am Straßenrand aufgehalten, das hat meistens gut funktioniert. Die Taxis fallen durch ihre leuchtend gelbe Farbe schon von weitem auf, eine Anzeige hinter der Windschutzscheibe signalisiert, ob das Taxi „frei" ist: LIBRE.

Wir haben in den letzten Jahren von keinen schlimmeren Verbrechen wie z.B. Kidnapping durch Taxifahrer erfahren, wie das vor über 10 Jahren vielleicht noch passieren konnte.

Beachten Sie, dass legale Taxis im Fahrgastraum auf der Rückseite eines Vordersitzes die persönlichen Daten des Taxifahrers aushängen müssen. Wenn Sie diese offiziellen Informationen nicht sehen, handelt es sich wahrscheinlich um einen illegalen Taxifahrer. Damit hatten wir bisher auch nie Probleme, aber es fühlt sich nicht gut an.

Probleme mit Taxifahrern waren meistens der Fahrstil, Umwege oder Fahrer, die nicht wussten, wo sie hinfahren sollten. Da kam es dann schon vor, dass wir, nachdem ich wegen der Routenführung interveniert hatte, aus dem Fahrzeug geschmissen wurden. Irgendwo in einem Vorort um 3 Uhr Früh.

Wollen Sie das nicht erleben, dann bestellen Sie gleich ein Uber-Taxi. Da ist dem Fahrer das Ziel schon bekannt und der Fahrpreis fixiert. Ob er dann einen Umweg fährt, ist für die Kunden egal.

Detail: der Taxifahrer bekommt normalerweise kein Trinkgeld. Stattdessen wird der Fahrpreis auf die nächst höhere glatte Zahl aufgerundet. Damit haben wir effektiv 500 – 1.000 Pesos zusätzlich gegeben (1000 Pesos entsprechen ungefähr 80 Cent).

Wie in europäischen Städten gibt es auch Taxi-Zentralen, wo Sie anrufen und ein Taxi bestellen können. Das hat bei uns nicht immer funktioniert, sprich das Taxi kam dann nicht. Auf Grund der günstigen Uber Tarife haben wir das nicht mehr weiterverfolgt.

Für die Schönheit

Grundsätzlich wird frau bezüglich Pflege gut betreut („man" hat außer Massage nichts Derartiges in Anspruch genommen). Die Ausstattung der diversen Salons ist nicht immer ganz auf europäischem Standard, dafür liegt das Preisniveau immer noch fast bei der Hälfte unserer Preise.

Pediküre, Maniküre und Kosmetik

Meine Empfehlungen sind alle in Palermo, da das das Viertel ist, in dem wir bevorzugt wohnen:

Jessica auf der Avenida Santa Fe 3448 verlangte im Jänner 2025 28.700 Pesos für eine Pedicure mit Gel-Lack.

Ara Nails Boutique in der Calle Fray Justo Santa María de Oro 2358 ist etwas billiger, es gibt aber nur Shellack.

Hier bekommt man auch kosmetische Behandlungen wie Augenbrauen- und Wimpernfärben, Wimpernverlängerung und Gesichtsdepilation mit einem scharfen Zwirnsfaden (mir bis dato unbekannt, ich habe mit Staunen zugesehen)

BAyres Style in der Calle Araoz 1433 wird ebenfalls empfohlen, dies ist auch ein Friseursalon und preislich sehr günstig.

Angenehm sind die Öffnungszeiten dieser Salons, meist von 9-20 Uhr, Montag bis Samstag, auf besonderen Wunsch arbeiten sie gelegentlich sogar an Sonntagen!

Friseur

Von anspruchsvollen Tangueras empfohlen:

Bruno Salas in Palermo Soho (Calle Guatemala 4477). International geschulter Figaro (arbeitet auch in Paris und Tokio), frau muss sich anmelden, da er nicht alle Tage offen hat und nicht immer im Lande ist.

Verlangt doppelt so viel als weniger prominente Friseure, aber immer noch nur die Hälfte von dem, was ich in Wien bezahle.

Website: www.brunosalas.com

Massage

Gute Erfahrung haben wir mit José G. López (Masoterapia China) in der Calle Soler 6069, natürlich auch in Palermo, gemacht, um strapazierte Muskeln wieder in Schwung zu bringen. Es ist ein bisschen gewöhnungsbedürftig dort, aber die Massage 1A!

Einkäufe: Schuhe, Gewand

Für die Dame

Ein Grund mehr, nach Buenos Aires zu fahren - ein Einkaufsparadies für Tangokleidung und -schuhe!

Grundsätzlich sind Kleider und Schuhe immer noch um einiges günstiger als in Europa, aber die Preise haben mit der Milei Regierung stark angezogen und die Qualität – zumindest bei den Schuhen – hat nachgelassen.

Als praktisch und anregend finde ich die Kombination von Modesalon und Schuhgeschäft. Besonders bei sehr exklusiven Marken hat frau eine große Auswahl an wunderschönen und fantasievollen Entwürfen und Designs und findet auch gleich die passenden Schuhe dazu.

Aber auch in vielen reinen Schuhgeschäften gibt es das eine oder andere hübsche Kleidungsstück. Ich bin auch schon einmal mit einem attraktiven Ensemble fündig geworden, während Walter Schuhe probierte.

Im „Zorzal" (Esquina Cultural El Zorzal) gibt es ein angeschlossenes Kleidergeschäft mit einem ständig wechselnden Angebot an Tangokleidern, -tops und -röcken.

Ein ganz besonderer Ort der gepflegten Tangokultur ist der „Complejo Belgrano", ein Salon auf zwei Etagen, wo auch besondere Milongas mit Dinner, Livemusik und exzellenten Showpaaren veranstaltet wer-

Ein Toast auf der Terrasse von Christine

den. Dort gibt es Kleider und Schuhe (auch für Herren) in exklusivem Rahmen und zu entsprechenden Preisen.

Eine Besonderheit sei hier erwähnt: diese Salons befinden sich nicht an der Straße, es gibt somit keine Auslagen, keine Schilder, und auf den Flyern keine Adresse, nur Telefonnummer und Website. Oft muss man die Adresse telefonisch erfragen, von außen würde man nie erkennen, dass sich in irgendeinem Stockwerk, quasi in einer Privatwohnung oder Etage ein Geschäft befindet.

Auch ist es nicht Usus, Rechnungen auszustellen. Auf Verlangen wird auf irgendeinem Zettel oder Flyer handschriftlich vermerkt, dass man z.B. eine Anzahlung geleistet hat. Interessanterweise ist aber auch kein Zahlungsbeleg vonnöten, wenn man eine Reklamation hat oder etwas umtauschen will, das wird anstandslos erledigt, ohne dass das je ein Problem gewesen wäre.

Und man kann – und sollte – handeln, besonders wenn man mehrere Sachen kauft, in den meisten Geschäften und Salons zahlt es sich aus.

Oft gibt es auch bei den diversen Milongas Stände mit Tangokleidung, Schuhen und Accessoires wie Fächer, Schmuck, etc.

Hier ein paar Marken, die ich empfehlen kann:
- Carla Chimento (Carla Made in Tango): Profitänzerin und Schneiderin, die auf Wunsch alle Modelle in den gewünschten Designs und Stoffen herstellt. Besonders beliebt sind ihre Wendekleider, die frau beidseitig tragen kann. Eine Seite ist gemustert, die andere meist einfärbig in einer der Farben, die im Muster vorkommen. So ein Kleid spart Platz und Geld und bewährt sich besonders bei Tangoreisen, da es aus bügelfreiem Material angefertigt ist.
- Roxana Vincelli Kleider findet frau im „Zorzal" und in großer Auswahl im eleganten „Complejo Belgrano"
- Lucila Segura hat ihren eigenen Salon. Für Frauen, die das besondere lieben, sehr exklusiv und nicht gerade billig. Aber die Modelle sind verführerisch und auch hier kann frau sich ihr Wunschmodell in ihrem Lieblingsstoff anmessen lassen. Das funktioniert (im Gegensatz zu unseren Erfahrungen mit einem Herrenschneider) prompt und perfekt.
Nicht umsonst lässt sich keine geringere als Vanesa Villalba dort ausstatten!

Und die Herren?

Es gibt einige Geschäfte und vereinzelte Angebote von Tangohosen und -anzügen bei den Milongas, doch wer sich ordentlich ausstatten will, lässt sich von einem Schneider eine Tangohose oder einen ganzen Anzug mit Jackett und Gilet anmessen.

Am besten erkundigen Sie sich bei Ihren Lehrern, wo sie sich ausstatten lassen können.

Dabei ist aber Vorsicht geboten. Wie schon oben angedeutet, können manche Schneider auch sehr unzuverlässig sein und vereinbarte Anproben platzen lassen. Das sollte man in Betracht ziehen, wenn man nicht allzu viel Zeit zur Verfügung hat.

Auch legen sie bei der Betreuung von Touristen, die vielleicht nie wieder kommen, weniger Sorgfalt an den Tag als bei ihren professionellen

Stammkunden, die ihre Reputation gefährden könnten, wenn sie schlecht bedient werden.

Schuhe: billig oder Qualität?

Es gibt unzählige Schuhmarken und -geschäfte in Buenos Aires. Gerade in der Calle Suipacha, in der Umgebung der Confitería Ideal, steht ein Laden neben dem anderen.

So auch „Flabella", einer der ältesten und traditionellsten Schuhproduzenten. Einen Blick hinein sollte man auf jeden Fall wagen, denn der Laden ist an sich schon ein Original, dem man sein Alter ansieht. Hat man sich Schuhe aus der Auslage ausgesucht und das Glück, dass diese in der ge-

Damenschuhe

wünschten Größe sind, kann man sie mitnehmen. Ansonsten braucht man viel Zeit und Geduld, bis aus einem Hinterzimmer immer wieder neue Kartons mit ähnlichen Modellen in der gewünschten Größe angeschleppt werden.

Da gleichzeitig meist noch zwei bis drei andere Kunden bedient werden, kann das ganz schön lange dauern. Das gewünschte Modell selbst wird man nicht bekommen, denn es gibt keine Serienproduktion. Wir sind gewohnt, ein Modell in verschiedenen Größen angeboten zu bekommen, das ist in Buenos Aires aber nicht der Fall, d.h. es gibt in den meisten Fällen keine zwei gleichen Paare.

Das gilt übrigens auch für die anderen Schuhgeschäfte, seien es nun renommierte Marken wie „Comme il faut" oder „Neo Tango".

Die einst so günstigen „Flabella" Schuhe sind seit der neuen Regierung auch doppelt so teuer geworden, kosten aber immer noch ungefähr die Hälfte des Preises, den Tangoschuhe in Europa kosten.

Leider hat die Qualität insgesamt stark nachgelassen. Konnte ich noch vor Jahren bequeme und hübsche Schuhe erstehen, die mir trotz intensiven Gebrauchs immer noch gute Dienste leisten, ist mir heuer bei einem Paar neuer Schuhe gleich beim zweiten Milonga Besuch ein Stöckel gebrochen, bei Walters neuen Schuhen löste sich gleich beim ersten Gebrauch der Absatz!

Auch hier gab es überhaupt kein Problem mit der Reklamation, eine Rechnung, die ich sowieso nicht hatte, musste ich nicht vorweisen. Es wurde mir angeboten, die Schuhe reparieren zu lassen oder gegen ein anderes Paar auszutauschen. Ich entschied mich für letzteres, bekam aber natürlich aus den oben erwähnten Gründen nur ein ähnliches, nicht das gleiche, das beschädigt war.

Wenn Sie also sehr günstige Schuhe kaufen wollen, sollten sie über eine längere Aufenthaltsdauer in Buenos Aires verfügen, um die Schuhe auszuprobieren und gegebenenfalls umzutauschen oder reparieren zu lassen. Wenn Sie mit Ihren Schuhen einmal wieder zuhause sind, nützt Ihnen auch das größte Entgegenkommen des Schuhhändlers nichts mehr und die Ausgabe war umsonst.

Gleich daneben in der Straße befindet sich „Darcos", wo man trotz großer Auswahl nur gelegentlich ein hübsches Paar finden kann. Aber auch dort stößt man auf spontanes Entgegenkommen und Erfindungsreichtum: als mir die Dekoration auf einem Paar Schuhe gut gefiel, nicht aber die Farbe der Schuhe, montierte der Verkäufer die Strassdeko kurzerhand ab und auf meine gewünschten Schuhe an, so kam er doch zu einem Kaufabschluss.

In beiden Geschäften kann man handeln.

Nicht so bei „Comme il faut", bekannt für besonders schöne Modelle. Dort wird man eher nachlässig bis unfreundlich bedient, und es wird weder spontan improvisiert, noch entgegengekommen. Anscheinend sind sich die Betreiber ihrer dominanten Marktposition bewusst, denn Sonderwünsche oder gar Fragen nach einem Skonto werden ganz deutlich mit dem Hinweis quittiert, dass man ja nicht kaufen müsse.

Bei „Todo Tango", ebenfalls in der Suipacha, kann man sich Schuhe maßanfertigen lassen. Dort habe ich per Zufall ein apartes Gewand gefunden, während sich Walter Schuhe ausgesucht hat.

Zu erwähnen sind auch die verschiedenen „Tango“-Marken, von Liber- und Divatango (eher günstig) bis Neo- und Lunatango (eher teurer), und natürlich Mosh Mosh.

Lieblingsbeschäftigung

Hochpreisig, aber von ausgezeichneter Qualität und tollem Design sind Schuhe der Marken „Cristal“ und „Pepe López“, die das Herz jeder stilbewussten Tanguera höherschlagen lassen.

Cristal-Schuhe sind handgefertigt und werden von einer Profitänzerin produziert, die weiß, worauf es bei guten Schuhen ankommt. Außerdem bietet sie ein gutes Service. Sonderwünsche und Anpassungen werden gratis und prompt erledigt: z.B. wurden mir an meinen neuen Schuhen Riemchen versetzt, nachdem sich herausgestellt hat, dass sie doch nicht so bequem waren, wie ich gehofft hatte. Ein ziemlich aufwändiges handwerkliches Verfahren, das nur dort möglich ist, wo die Schuhe auch selbst produziert werden.

Bei Pepe López fand auch Walter elegante und bequeme Herrenschuhe, mit denen er sehr zufrieden ist.

Grundsätzlich ist zu sagen, dass man mit teureren, qualitätsvollen Marken besser bedient ist. Sie sind immer noch günstiger als bei uns und garantieren langanhaltende Freude, wenn Sie wieder zuhause sind.

Billige Marken sollten Sie nur probieren, wenn Sie sich lange genug in Buenos Aires aufhalten, um Zeit für Reklamation und Reparatur zu haben.

Internationale Tango Gruppen für Buenos Aires Touristen

Web: **TangoVida.org**, eine US-amerikanische Website. Nach der Registrierung kann man in verschiedene WhatsApp Gruppen aufgenommen werden.

WhatsApp:
https://chat.whatsapp.com/Favl8EbD1vr2J6kvz2WrQG

Tango and Life in Buenos Aires – Christine's Tango Guide 2025 auf Facebook, von Christine Garbe. Christine verbringt jedes Jahr bis zu fünf Monate in Buenos Aires, kennt die Stadt und die Tangoszene sehr gut und hat sehr informative Info-Blogs verfasst:

https://www.facebook.com/groups/1115149063337726/learning_content

Tango tourists in Buenos Aires networking together … since 2023
Ein Facebook Blog mit nützlichen Informationen: https://www.facebook.com/groups/1266963763884516

Argentina Travel Tips, eine US-amerikanische Website, nicht spezifisch für Tango, sondern zum allgemeinen Informationsaustausch zu Reisen nach Argentinien.

Argentinien gilt als relativ sicheres Land in Südamerika, gleich hinter Uruguay und noch vor Chile oder Brasilien. Tatsächlich hat sich die Sicherheitslage seit dem Jahr 2014 (unserer ersten Reise nach Buenos Aires) gebessert.

Trotzdem müssen Sie vorsichtig sein: keinen Schmuck oder Wertsachen offen tragen, mit dem Mobiltelefon aufpassen. Es passiert häufig, dass es einem aus der Hand gerissen wird. Freunden von uns ist das sogar passiert, als sie schon im öffentlichen Bus gesessen sind.

Habe ich meinen Fotoapparat mit, dann trage ich ihn in einer alten Supermarkt-Tasche.

Abasto Viertel - sehenswert

Keinesfalls soll ihn jemand auf der Straße sehen.

Wir halten uns an eine Grundregel, die uns bisher auch in Brasilien geholfen hat: bevor Sie in eine Straße einbiegen, schauen Sie zuerst, ob dort andere Menschen sind. Wenn die Straße menschenleer ist, kann es gefährlich werden, vor allem in der Nacht. Sie müssen dann entscheiden, ob Sie weiter gehen wollen oder umkehren. Bewegen Sie sich nur in Stadtvierteln, die die Einheimischen Ihnen als sicher geschildert haben. Wir haben immer Hinweise oder Warnungen von den Einheimischen bekommen und befolgt.

Wenn Sie ein ungutes Gefühl bekommen, flüchten Sie am besten in die nächste Bar oder ein Restaurant und bestellen Sie ein Taxi oder Uber.

Better safe than sorry!

Wir selbst haben während unserer bisherigen Aufenthalte in Südamerika Glück gehabt, aber einige unserer Bekannten (auch Porteños) wurden überfallen, beraubt oder bestohlen.

Im Stadtteil Palermo sind wir oft in der Nacht um 3:00 Uhr früh heimgegangen, kilometerweit, und uns ist nichts passiert.

Sollten Sie dennoch überfallen werden: Wehren Sie sich nicht, geben Sie Ihre (Opfer-) Brieftasche her und wenn es sein muss, Ihr (Opfer-) Mobiltelefon. Beides haben Sie vor dem Ausgehen schon vorbereitet. Dokumente, wie den Pass, haben Sie im Appartement gelassen und können nur eine Kopie vorweisen.

Danach sofort die Polizei informieren, die Notfall Telefonnummer ist 911.

Als Frau allein nach Argentinien reisen?

Wir haben viele allein reisende Frauen aus Europa oder den USA getroffen. Sie werden als Frau in Argentinien nicht ungut angesprochen oder sonst wie belästigt.

Von einsamen Spaziergängen in der Nacht würden wir Ihnen abraten, bei Anbruch der Dunkelheit sollten Sie Taxis oder Uber benutzen.

In den Milongas werden Sie dann zumeist in die Reihe mit den Frauen gesetzt oder an einen Tisch, an dem schon Landsleute platziert sind. Schließen Sie möglichst Kontakte und verabreden Sie gemeinsame Milonga Besuche.

Nutzen Sie die Netzwerk Links, die wir im Kapitel „Literatur und Webseiten über Tango und Buenos Aires" angeführt haben. Sie können sich über diese Gruppen mit anderen zu den Milongas verabreden und sitzen dann gemeinsam am Tisch. Ein nicht zu unterschätzender Vorteil, wenn man fremd in der Stadt ist und einen in der Milonga niemand kennt.

Ausflüge und Reisen in Argentinien

Argentinien hat viel mehr zu bieten als nur den Tango. Das Land ist riesig, von Ushuaia bis hinauf nach Salta und Iguazú. Die Landschaften sind einzigartig und ein Erlebnis, das Sie nicht vergessen werden.

Unser Tipp: buchen Sie Ausflüge über ein lokales Reisebüro in Buenos Aires. Die Angestellten stellen Ihnen einen passenden Vorschlag zusammen und buchen die notwendigen Tickets. Das kommt Ihnen deutlich billiger, als über das Internet Reisebüros und Veranstalter zu kontaktieren. Vorsicht: Über das Web kann es passieren, dass Sie einen „Nicht-Argentinier-Zuschlag" bezahlen sollen. Außerdem werden dann oft Dolmetscher dazugebucht, die nicht notwendig sind. Die lokalen Touristenführer sprechen immer auch Englisch und oft auch Italienisch.

Sie sollten nur beachten, dass sich die Preise jeden Tag ändern. Also buchen Sie möglichst zeitnah in Buenos Aires und bezahlen Sie dort. Unsere Erfahrungen mit den Reisebüros sind grundsätzlich gut.

Unsere letzte Reise haben wir über Almundo Palermo gebucht und waren sehr zufrieden. Es gibt mehrere Filialen in Buenos Aires, davon zwei im Bezirk Palermo.

Leihwagen

Um einen Leihwagen zu mieten, benötigen Sie den Internationalen Führerschein. Den bekommen Sie in Österreich problemlos von den Automobil Clubs ausgestellt.

Wollen Sie längere Touren mit einem Leihwagen unternehmen, achten Sie auf geeignetes Kartenmaterial. In den riesigen Gebieten mit sehr wenig Bevölkerung können Sie sich nicht wirklich auf Google Maps verlassen (eigene Erfahrung!). In jeder größeren Stadt gibt es ein Büro des nationalen Automobil Clubs, AUTOMOVIL CLUB ARGENTINO (ACA), Webseite aca.org.ar. Dort bekommen Sie ausführliche Straßenkarten von allen Provinzen Argentiniens.

Seien Sie vorsichtig, der Verkehr in den größeren Städten, vor allem aber in Buenos Aires, kann sehr hektisch und dicht sein.

Besonderheit zu Einbahnen: viele Straßen in den Städten sind Einbahnen. Sie sind nicht mit einer eigenen Verkehrstafel (!) markiert, sondern mit einem kleinen Pfeil an dem Schild an der Kreuzung, das auch die Hausnummern des Blocks angibt. Dieser Pfeil zeigt immer in die Einbahn-Richtung. Da er sehr klein ist, kann man ihn leicht übersehen.

Sie können sich aber auch an den parkenden Autos orientieren: Wollen Sie in eine Seitengasse einfahren und sind sich nicht sicher, ob Sie damit gegen eine Einbahn fahren, dann schauen Sie, wie die Autos parken!

In der Nähe von Buenos Aires:
Delta del Tigre

35 km oberhalb von Buenos Aires ist die Stadt Tigre das Tor zum Delta des Flusses Paraná. Das Delta beginnt in der Provinz Entre Ríos und reicht bis zur Mündung in den Río de la Plata. Es ist etwa 320 km lang und dehnt sich über 17.500 Quadratkilometer aus[6].

Die typischen Häuser stehen auf

Tigre Delta

Pfählen, um sie vor dem Auf und Ab des Wasserstandes zu schützen. Das am meisten verbreitete Transportmittel sind die "lanchas colectivas" (Wasserbusse). Darüber hinaus gibt es Katamarane, private Motorboote, Wassertaxis und Ruderboote.

Tigre Delta

Sie können in Buenos Aires Tages-Touren in den Reisebüros buchen bzw. selbst mit dem Zug nach Tigre fahren (Estación Retiro). Das ist die billigste Möglichkeit und auch recht sicher. Wir fühlten uns nie unwohl.

Vor dort nehmen Sie in einem Ausflugsschiff Platz und genießen die Rundfahrt.

---

[6] Information aus dem Web: universes.art/de/art-destinations/argentinien/buenos-aires/delta-del-parana,
„Ausflug in das Delta des Paraná"

Zurück von der Bootsfahrt bieten eine Reihe von lokalen Restaurants ihre Dienste an.

Mar del Plata

Mar del Plata ist eine Stadt im Südosten der Provinz Buenos Aires und circa 400 Kilometer von der Hauptstadt entfernt. Von Buenos Aires erreicht man die Stadt mittels Flugzeugs, Bahn oder Bus. Die Stadt ist als Seebad Argentiniens bekannt, viele Städter fahren zum Urlaub hinaus.

Es soll auch eine sehr aktive Tango-Szene in der Stadt geben.

Da wir von europäischen Mittelmeer-Stränden verwöhnt sind, haben wir persönlich Mar del Plata noch nicht besucht.

Uruguay: Colonia del Sacramento und Montevideo

Sie können mit der Fähre (Unternehmen „Buquebus") bequem nach Colonia del Sacramento übersetzen – eine Halbinsel im Rio del la Plata, auf der Seite Uruguays. Die älteste Stadt Uruguays ist malerisch schön und zeigt ihre koloniale Vergangenheit. Sehr sehenswert.

Wir sind, nach einem mehrstün-

Montevideo

digen Aufenthalt, mit dem Bus weiter nach Montevideo gefahren. Montevideo wirkt, wenn man aus Buenos Aires kommt, deutlich ruhiger und provinzieller (ganz Uruguay hat etwa drei Millionen Einwohner, also weniger als die Stadt Buenos Aires).

Uruguay hat, wie alle Staaten Südamerikas, eine bewegte Geschichte hinter sich, die heutige politische Landschaft wurde maßgeblich vom

Politiker José Mujica geprägt. Nicht umsonst ist Uruguay heute der wohl sicherste und stabilste Staat in Südamerika.

Montevideo hat ebenfalls eine lebendige Tango Szene, gilt die Stadt ja, gemeinsam mit Buenos Aires, als Geburtsort des Tangos. Hier wurde „La Cumparsita" ur- aufgeführt! Uru- guayaner spre- chen daher auch lieber vom „Tango Riopla- tense" als vom „Tango Argen- tino".

Open Air Tango in Montevideo

Die Tango Szene ist allerdings deutlich kleiner als in Buenos Aires. Wir empfehlen, aus eigener Erfahrung, beide Orte auf Grund Ihrer Sehenswürdigkeiten zu besuchen. Für den Tango bleiben wir lieber in Buenos Aires.

Mit dem Flugzeug zu erreichen:
Córdoba

Córdoba ist die zweitgrößte Stadt Argentiniens (ca. 2 Mio. Einwohner) mit einer langen kolonialen Vergangenheit und ein kulturelles Zentrum, das vor allem für seine Architektur aus der spanischen Kolonialzeit bekannt ist. Die im 17. Jahrhundert errichtete Manzana Jesuítica (Block der Jesuiten) umfasst aktiv genutzte Klöster und Kirchen, wie die Catedral de Córdoba und die „Iglesia de la Compañía de Jesús".

Außerdem befindet sich hier das ursprüngliche Hochschulgelände der Universidad Nacional de Córdoba, einer der ältesten Universitäten Südamerikas. Das Zentrum der Stadt bildet die Plaza San Martín.

Wegen der sehenswerten Bauten aus der Kolonialzeit wird die Stadt gerne von Touristen besucht. Córdoba und das benachbarte Cosquín sind übrigens ein Zentrum der argentinischen Folklore, jährlich finden hier die bekanntesten Festivals der argentinischen Volksmusik statt.

Ein eigener Tanz aus Córdoba ist der „Cuarteto Cordobés", der sehr ähnlich wie der dominikanische Merengue klingt und auch ähnlich getanzt wird. In den Milongas in Buenos Aires wird er sehr gerne in den Cortinas gespielt.

Salta, Purmamarca, Tren a las Nubes

Im Nordwesten Argentiniens liegt Salta auch genannt „Salta La Linda" (Salta die Schöne). Sie ist die Hauptstadt der gleichnamigen Provinz, wurde 1582 gegründet und ist für ihre spanische Kolonialarchitektur und ihre andine Tradition bekannt.

Plaza 9 de Julio in Salta

Das Zentrum der Stadt ist die Plaza 9 de Julio, ein eleganter, von Cafés gesäumter Platz nahe der neoklassizistischen Kathedrale von Salta und El Cabildo, dem Rathaus aus dem 18. Jahrhundert, das zu einem Museum umfunktioniert wurde.

Salta zählt etwa 600.000 Einwohner und liegt auf einer Hochebene circa 1.150 Meter über dem Meeresspiegel. Daher ist es nicht so heiß, was für uns Europäer angenehm ist.

Salta ist auch ein idealer Ausgangspunkt, um sehr viele malerische Orte der Umgebung zu erkunden: Purmamarca, die Teufelsschlucht Garganta del Diablo, der Zug zu den Wolken (Tren a las Nubes), einer der höchsten Eisenbahnen der Welt (bis 4220 Meter), die Humahuaca Schucht, die großen Salinen (Salinas Grandes), etc.

Die indigene Bevölkerung hat sich in diesem Teil Argentiniens noch relativ gut halten können, was den Dörfern und Städten einen für uns exotischen Reiz verleiht.

Mit einem Leihwagen ab Salta können Sie diese Orte besuchen. Alternativ gibt es auch Ausflugstouren, die Sie in Salta buchen können.

Purmamarca

Misiones und Iguazú

In einer ganz anderen Ecke Argentiniens, nämlich im äußersten Nordosten des Landes, liegt die Provinz Misiones. Sie grenzt an Brasilien, Paraguay und Uruguay.

Das Klima ist subtropisch, die Landschaft grün und große Flächen sind vom Dschungel bedeckt.

Hier haben wir mehrmals Deutschsprachige getroffen, in Misiones haben sich viele deutsche Auswanderer niedergelassen, schon seit 1820. Auch in der benachbarten Region in Brasilien leben viele Deutschsprachige. Ihr süddeutscher Dialekt klingt seltsam in unseren Ohren, da sie noch das Deutsch von vor 200 Jahren sprechen.

Misiones hat eine interessante Geschichte vorzuweisen, haben ja im 17. Jahrhundert die Jesuiten hier eine Art „Gottesstaat" aufgebaut. Sie haben die Sprache der einheimischen Indigenen (Guaraní) gelernt und befestigte Dörfer errichtet. Die Dörfer wurden von den Kaziken (einheimische Häuptlinge) und den Jesuiten Patern gemeinsam geführt.

Diese Jesuitenreduktionen waren ein jesuitisches Missionswerk in der Zeit von 1609 bis 1767. Dabei wurden hunderttausende Mitglieder der indigenen Bevölkerung Südamerikas in festen Siedlungen, den sogenannten Reducciones, zusammengeführt. Diese Reducciones waren gut organisiert, boten ein soziales Netz für Witwen und Waisen, Ausbildungsstätten und medizinische Versorgung. Die Patres lernten nicht nur die Sprache der Guaraní, sondern übernahmen auch deren Wissen über Pflanzen und Heilkräuter. Wegen der später erlangten weitgehenden Unabhängigkeit von der spanischen Obrigkeit wurden die Jesuitenreduktionen als Jesuitenstaat bezeichnet.

Diese Zeiten waren mit einem beträchtlichen Zuwachs der indigenen Bevölkerung und gleichzeitigem Reichtum verbunden.

Aus politischen Gründen wurden die Reducciones von der spanischen Krone

Eine Jesuiten Reducción in Misiones

umgesiedelt bzw. vertrieben, sowie der Orden entmachtet. Die Reducciones verfielen und die Bevölkerung wurde zu großen Teilen vertrieben, getötet oder von Sklavenhändlern gefangen. Heute lebt ein großer Teil der Guaraní in Reservaten.

Die Iguazú Wasserfälle sind wohl die Schönsten der Welt und atemberaubend in ihren Dimensionen. Auf einer Breite von 2,7 Kilometern bestehen sie aus 20 größeren und 255 kleineren Fällen. Sie sind jeweils zwischen 60 und 82 Metern hoch, das ist doppelt so hoch wie die Niaga-

Die Wasserfälle von Iguazú

rafälle. Sie liegen an der Grenze zwischen Brasilien und Argentinien. Sie sollten sich mindestens zwei ganze Tage Zeit nehmen, um beide Touren zu unternehmen: einmal von der argentinischen Seite und dann von der brasilianischen Seite aus, die unserer Meinung nach noch spektakulärer ist.

Sie können sich beim Reisebüro dazu einen deutschsprachigen Reiseführer bestellen, die Mehrkosten sind gering. Wie gesagt, rund um Misiones, in beiden Ländern, leben noch viele Nachkommen deutscher Auswanderer.

Seien Sie darauf vorbereitet, dass Sie mehrmals zu irgendeinem Einkaufs-Tempel geführt werden – und widerstehen Sie der Versuchung!

Patagonien

Patagonien war bis Ende der 1860-er Jahre ein unabhängiges Gebiet südlich des Rio Colorado, von indigenen Stämmen und von Gauchos bewohnt. Es war ungefähr gleich groß (heute: 765.720 Quadratkilometer in Argentinien) wie das damalige Argentinien. In den 1870 Jahren sandte Argentinien Militär nach Patagonien, mit dem klaren Auftrag, die Indigenen zu besiegen und auszurotten. Danach konnte es von den Europäern besiedelt werden.

Die heutige Bevölkerung besteht aus einer Mischung von Nachfahren der

Aussicht auf den Fitz Roy

Indigenen mit den spanischen Einwanderern und Nordeuropäern.

Die Landschaft ist faszinierend, eine trockene Halbwüste mit riesigen Schaffarmen, aber auch mit viel Platz für Guanacos (eigentlich Lamas), Pumas, Huemules (das sind Hirsche), Nandus, Bandurrias (Vogel Art mit langem, gebogenem Schnabel) und viele mehr. Die Gebiete sind riesig. Im Westen bildet die Hochgebirgskette der Anden die Grenze zu Chile, der überwiegende Teil Patagoniens besteht aus weiten, trockenen Landstrichen.

Patagonien ist beliebt als Urlaubsland, weil es zu Wander- und Klettertouren einlädt, sowie zum Langlauf im dortigen Winter.

Schi fahren ist nur im Hochgebirge, an der Grenze zu Chile möglich. Im restlichen Patagonien ist die Schneedecke im Winter zu dünn, da es zu trocken ist.

Patagonien: Perito Moreno und Fitz Roy

Sie fliegen von Buenos Aires nach El Calafate und nehmen sich vier bis fünf Tage Zeit. Dort können Sie an verschiedenen Touren teilnehmen, zum Gletscher Perito Moreno, Bootsfahrten oder eine Tagestour zum Dorf El Chaltén, um eine ganztägige Wanderung mitzumachen.

Auch der Ort El Calafate ist sehr malerisch und lädt zu Spaziergängen ein. Benannt nach einem Strauch, aus dessen Beeren eine köstliche Marmelade hergestellt wird, Dulce de Calafate. Aber Vorsicht, der Legende nach birgt der Verzehr dieser Frucht einen Zauber: wer davon isst, verliebt sich unweigerlich in Patagonien und muss immer wiederkehren. 

Perito Moreno

Natürlich ist alles sehr touristisch und erinnert an Tiroler Schi-Orte. Tatsächlich finden sich dort viele Sportgeschäfte, die Umgebung ist bekannt für ihren Wander- und Klettertourismus.

Nehmen Sie sich auch warmes Gewand mit – das Klima ist ungefähr so wie in Schweden. Nachts wird es empfindlich kühl.

Der Ort „El Chaltén" ist der Ausgangspunkt für wunderschöne Wanderungen und, mit etwas Glück, großartigem Blick auf Fitz Roy und Cerro Torre.

Nehmen Sie sich feste Schuhe mit.

Die Anfahrt von El Calafate dauert gute 2,5 Stunden, schließlich beträgt die Entfernung stolze 220 Kilometer.

Patagonien: Bariloche

Bariloche mit seinem Seengebiet in den Anden nahe der Grenze zu Chile ist berühmt für seine schweizerische/deutsche Architektur, seine Schokolade und als Ausgangspunkt für Wanderungen und Kletter-Ausflüge. Der Ort wurde ab den 1880-Jahren von Deutschen, Italienern und Schweizern gegründet, die die Häuser im typischen Stil ihrer Heimat errichtet haben.

Bariloche Hauptstraße

Landschaftlich ähnelt das Gebiet den Alpen, auch von den Temperaturen her, nur die Vegetation ist verschieden.

Es gibt mehrere lokale Reisebüros, bei denen Sie auch kurzfristig Ausflüge und Wanderungen buchen können. In der Stadt gibt es viele Sport- und Schokolade-Geschäfte, beides Spezialitäten dieser Gegend.

Wir absolvierten einen interessanten, geführten Rundgang über die deutsche Besiedlung und den deutschen Einfluss in Bariloche. Viele Häuser und auch Namen erinnern an Südwest-Deutschland bzw. an die Schweiz. Natürlich kam auch die Rolle des Ortes als Zufluchtsort der nationalsozialistischen Kriegsverbrecher zur Sprache.

Wir haben hervorragend im Ort gegessen, vier verschiedene Lokale, jedes erstklassig. Natürlich zu Preisen, die man auch in Wien zahlen würde. Aber das gilt mittlerweile für ganz Argentinien.

Die Reisevorschläge hier sind klarerweise nicht vollständig – Argentinien ist riesengroß und hat sehr viele Sehenswürdigkeiten zu bieten. Wir haben hier, bis auf Córdoba, nur Orte aufgenommen, die wir auch persönlich besucht haben.

Seengebiet Bariloche

Notfälle

Es kann immer etwas passieren, hier ein paar wichtige Adressen und Telefonnummern. Wir hoffen, dass Sie die nie brauchen müssen.

Die generelle Notfall Nummer ist 911.

Falls Sie dringend mit der Polizei verbunden werden wollen, wählen Sie 101. Die Feuerwehr („Bomberos") erreichen Sie mit 100. Für medizinische Notfälle wählen Sie 107.

In Buenos Aires können Sie noch erreichen:

Tourist Police ('Comisaría del Turista'): +54 911 5050 9260 (24 Stunden besetzt)

Diplomatische Vertretungen

Österreichische Botschaft in Argentinien
Calle French 3671
1425 Buenos Aires
Tel: (+54/11) 4809 5800
Parteienverkehr
Montag-Donnerstag: 9:00 - 12:00

Sie können sich beim österreichischen Außenministerium auch registrieren lassen, falls Sie vorhaben, länger in Argentinien zu bleiben. Sie melden dann, dass Sie in Argentinien sein werden und in welchem Zeitraum.

Wir haben das mehrmals gemacht, es hatte nicht wirklich Einfluss auf unserem Urlaub: wir bekamen zwei-, dreimal Warnhinweise, wie Starkregen oder ähnliches.

Botschaft der Bundesrepublik Deutschland

Villanueva 1055,
C1426BMC Buenos Aires.
Tel: +54 11 47 78 25 00
Parteienverkehr
Montag bis Donnerstag: von 07:00 bis 18.00 Uhr
Freitags: von 07:00 bis 15:00 Uhr

Schweizerische Botschaft in Argentinien

Avenida Santa Fe 846
12° Stockwerk
C1059ABP Buenos Aires
Tel: +54 11 4311 6491
Parteienverkehr
Montag bis Freitag 9:00 – 12:00

Italienische Botschaft in Buenos Aires

Ambasciata d'Italia Buenos Aires
Calle Billinghurst, 2577
1425 Buenos Aires
Tel: +54.11.4011.2100

Spanische Botschaft in Buenos Aires

Embajada de España en Argentina
Avenida Presidente Figueroa Alcorta 3102
C1425CKX - Ciudad Autónoma de Buenos Aires
Tel: +54 (11) 4809-4900

Ärztliche Notfälle

Argentinien verfügt über eine medizinische Grundversorgung, die kostenlos ist, auch für Ausländer. Allerdings dürften die Wartezeiten lang und die Leistungen doch eher rudimentär sein. Wenn Sie schnell eine Untersuchung brauchen, sollten Sie sich an private Ärzte oder Spitäler wenden. Die Kosten für eine Erst-Untersuchung lagen im Jahre 2024 bei etwa EUR 25,--. Das kann sich aber sehr stark ändern, daher immer zuerst fragen.

Sie sollten auf alle Fälle eine Reise-Krankenversicherung für Südamerika abschließen. Sie müssen zwar die Kosten für Eingriffe und längere Behandlung vor Ort bezahlen, wollen aber sicher das Geld zu Hause wieder zurückhaben.

Eine Liste von Ärzten und Spitälern finden Sie hier: https://tango-vida.org/medical-health/

Dort finden Sie eine WhatsApp Gruppe - BA Medical/Health Group
https://chat.whatsapp.com/DPA6KQ98jZlFwEbJ72bhEc

Die österreichische Botschaft hat eine Liste mit Vertrauensärzten auf Ihrer Webseite veröffentlicht:
https://www.bmeia.gv.at/oeb-buenos-aires/service-fuer-buergerinnen/soziales-gesundheit/vertrauensaerzte

Die Ärzteliste der deutschen Botschaft Buenos Aires:
https://buenos-aires.diplo.de/ar-de/service/konsulatabisz/2633846-2633846

Wir haben bisher noch keine Erfahrung mit ernsteren Erkrankungen oder Unfällen in Argentinien gehabt, jedoch waren wir immer mit Halsschmerzen oder leichter Bronchitis konfrontiert. Egal, ob wir im argentinischen Sommer (Januar, Februar) oder im argentinischen Winter (Juli, August) unterwegs waren.

Anscheinend ergab sich eine erhöhte Infektanfälligkeit durch den intensiven Kontakt mit den Menschen (überfüllte Busse, überfüllte Milongas), und den manchmal sehr eisig eingestellten Klimaanlagen.

Dabei hatten wir immer alle Impfungen vor der Abreise:
- Grippe (jährlich erneuert)
- Covid (ebenfalls jährlich)

und natürlich noch weitere Impfungen für Südamerika – fragen Sie bitte bei den zuständigen Stellen (z.B. Institut für Hygiene und Angewandte Immunologie in Wien oder Graz) um die offiziellen Empfehlungen. Hier zeigen wir Ihnen nur unsere persönlichen Empfehlungen (wir sind keine Ärzte!):

- Typhus
- Hepatitis A und B
- Tetanus, empfohlen als Kombination mit Diphterie und Keuchhusten
- Tollwut (falls Sie im Landesinneren unterwegs sind, auch für Brasilien)
- Gelbfieber (für den Norden Argentiniens und für Brasilien)

Leider ist das Dengue Fieber seit 2022 wieder auf dem Vormarsch, Impfung gibt es noch nicht (ist in Erprobung), sodass Insektenschutzmittel wichtig sind. Da wir im Januar 2024 erlebt haben, dass es keine Insektenschutzmittel mehr in Argentinien gab, bringen wir sie jetzt immer selbst mit. Vor allem Mittel gegen Gelsen! Und Mittel gegen die Hautschwellung nach Gelsenstichen.

Hier noch zwei Spitäler, wo Sie als Tourist gegen Bezahlung relativ schnell eine Erstuntersuchung absolvieren können:

Das deutsche Spital, privat betrieben:
Hospital Alemán
Av. Pueyrredón 1640
Tel: +54 11 4827 7000, rund um die Uhr besetzt

Hospital Italiano
Ite. Gral. Juan Domingo Perón 4190, hat aber mehrere Niederlassungen in der Stadt
Tel: +54 11 4959 0200

Die Medikamente müssen Sie dann in einer Apotheke (Farmacia) einlösen. Der Apotheken Supermarkt FarmaCity hat Filialen, in denen Sie rund um die Uhr Medikamente kaufen können.

Literatur und Webseiten über Tango und Buenos Aires

„Happy Tango", SALLYCAT'S GUIDE to DANCING in BUENOS AIRES 2nd Edition von Sally Blake,
ISBN 978-0-9565306-1-5
beschreibt ausführlich die Tango Szene in Buenos Aires und wie man als Ausländer damit am besten umgeht. Obwohl wir schon viel über Tango Códico, Cabeceo, Kleidung und Musik wussten, erfuhren wir sehr viel Nützliches über die verschiedenen Arten von Milongas und auch über Unterschiede im Verhalten von Europäern und Argentiniern (Porteños). Trotz des Alters der letzten Edition – 2012 - ein noch immer in Teilen aktuelles Buch! Leider ist es neu nicht mehr erhältlich, Sie können aber ein gebrauchtes Exemplar erwerben.

Pablo Verón in: „Pablo Verón & Sally Potter dance Libertango"
https://www.youtube.com/watch?v=DkxWgpo0PN4 , Auszug aus dem Film: The Tango Lesson, 1997

„El Tango" von Mónica Gloria Hoss de le Comte, ISBN 987-97899-4-6, aus dem Jahr 2000
eine kleine Zusammenfassung der Geschichte des Tangos, auf Spanisch

„Tango y Bandoneón" von Mónica Hoss de le Comte, ISBN 078-987-9479-39-1, aus dem Jahr 2009, eine neuerliche Ausgabe der Zusammenfassung der Geschichte des Tangos, etwas mehr Inhalt, mit vielen Bildern sehr illustrativ dargestellt. Ebenfalls auf Spanisch.

„MILONGUEROS Tango-Legenden privat" von Michaela Reisinger, ISBN 978-3-99126-178-0, Ausgabe aus dem Jahr 2022. Interviews mit berühmten Tango Maestros/Maestras aus Buenos Aires, hinterlegt mit Musikbeispielen und über QR-Codes aufrufbar. In mehreren Sprachen publiziert, darunter Deutsch und Spanisch.

Argentinien.de

enthalt eine Fülle nützlicher Informationen zu Argentinien. Tango ist auf dieser Website allerdings kaum präsent.

„Gebrauchsanweisung für Argentinien" von Christian Thiele, ISBN 978-3-492-27582-8, Ausgabe 2011. Bietet in launiger Erzählform Wissenswertes über Land und Leute, ihre Besonderheiten und Bräuche, so auch in einem kleinen Kapitel über den Tango.

Polyglott on tour „Argentinien" von Ute Wendel, ISBN 978-3-8464-0815-5, aus dem Jahr 2013 (gibt´s jetzt sicher in rezenterer Ausgabe). Ein praktischer, da handlicher Reiseführer mit Flipmap.

Instagram:

Es gibt auf Instagram einige hervorragende Beiträge über Sehenswürdigkeiten in Buenos Aires. Diese Autoren haben uns zu einigen sehr interessanten Besuchen in der Stadt inspiriert:

- cronopio.viajero   Ob Cafés, Buchhandlungen, alte Villen, Parks, Restaurants – es sind Juwelen in Buenos Aires, die er beschreibt. Immer mit Adressen und Besuchsinformationen
- vivamosba   Ähnliche Themen wie cronopio, bieten auf Instagram regelmäßige Mail-Benachrichtigungen
- culturalbuenosaires   aktuelle kulturelle Veranstaltungen, wenn es einmal nicht Tango sein muss
- turismobuenosairesok die offizielle Tourismus Seite der Stadt. Schauen Sie vor Ihrer Tangoreise auch in diese Beiträge.

Instagram ist in Südamerika sehr beliebt und wird von vielen Leuten als Nachrichtenmedium benutzt, mehr als Facebook.

Anhang: Kosten

Stand Anfang 2025

Wieviel Kosten muss man veranschlagen? Versuch einer Schätzung aus unseren Erfahrungen. Hier unsere Kalkulation vom letzten Urlaub 2024/2025 für zwei Erwachsene.

Anmerkung: Wir waren fast zwei Monate unterwegs, hatten über Airbnb ein Appartement gemietet, das wir größtenteils vorher bezahlt hatten. Der Flug hätte auch etwas billiger sein können, wenn man Einbußen beim Komfort hinnimmt. Auf Grund unseres Alters schätzen wir jeden leistbaren Komfort bei 12-13 Stunden Flug. Die Flüge wurden ebenfalls schon vor der Reise bezahlt.

Kostenart	Ungefähre Kosten
Flug hin und retour	Pro Person € 1.500, wenn Sie mit Billig-Airlines lange Umwege in Kauf nehmen, geht's auch billiger. Je nach Ihrem Gesundheitszustand und Alter.
Airbnb Appartement	Zwischen € 30 -50 pro Tag, dazu noch die Reinigung (die eher wenig kostet)
Krankenversicherung ÖAMTC weltweit	€ 250 für zwei Personen
Ausgaben pro Tag in Summe	Ungefähr € 110 für zwei Personen
Schuhe und Kleider	Schuhe: € 90 – 150/ Paar
Bücher	Erstaunlich teuer, jedenfalls mehr als in Europa
Lehrer – Privatstunden	€ 60 – 100 für die Privatstunde, zumeist mit Lehrerpaar. Bei Preisen darüber oder darunter würde ich über die Preisgestaltung nachdenken
Ausflug Bariloche (Flug, Hotel und Exkursionen), 4 Tage	Ungefähr € 700 pro Person für Flug Buenos Aires – Bariloche und retour, 3* Hotel mit Frühstück und zwei Exkursionen, vier Tage Ratschlag: möglichst vor Ort buchen

Die Ausgaben pro Tag beinhalten: Lebensmittel und Getränke im Supermarkt, auswärts essen gehen, Transport (öffentlich und Uber), Milongas, Gruppenstunden, kleinere Besorgungen. Ein durchschnittliches

Abendessen mit Wein kostet Sie pro Person ab € 30 aufwärts. Die Preise sind aufgerundet.